湖南省体育科学学会重点课题　2018XH005

全民健身常态化背景下休闲旅游与运动减肥融合研究

中国当代休闲体育发展与社会心态研究

唐　志　著

北京体育大学出版社

策划编辑　力　歌
责任编辑　张　力
责任校对　姜艳艳
版式设计　李沙沙

图书在版编目(CIP)数据

中国当代休闲体育发展与社会心态研究/唐志著
. －－北京:北京体育大学出版社,2018.12
ISBN 978－7－5644－3118－1

Ⅰ.①中… Ⅱ.①唐… Ⅲ.①休闲体育－体育产业－产业发展－研究－中国 Ⅳ.①G812.4

中国版本图书馆CIP数据核字(2018)第298812号

中国当代休闲体育发展与社会心态研究
ZHONGGUO DANGDAI XIUXIAN TIYU FAZHAN YU SHEHUI XINTAI YANJIU　唐　志　著

出版发行:北京体育大学出版社
地　　址:北京市海淀区农大南路1号院2号楼4层办公B－421
邮　　编:100084
网　　址:http://cbs.bsu.edu.cn
发 行 部:010－62989320
邮 购 部:北京体育大学出版社读者服务部010－62989432
印　　刷:北京虎彩文化传播有限公司
开　　本:710mm×1000mm　1/16
成品尺寸:170mm×240mm
印　　张:11.25
字　　数:160千字
版　　次:2018年12月第1版
印　　次:2018年12月第1次印刷
定　　价:68.00元

前　言

中国党和政府历来重视体育对增强人民体质，提升国家整体实力的重要作用。党的十九大报告提到，过去五年，我国“公共文化服务水平不断提高，文艺创作持续繁荣，文化事业和文化产业蓬勃发展，互联网建设管理运用不断完善，全民健身和竞技体育全面发展”，同时要求“广泛开展全民健身活动，加快推进体育强国建设，筹办好北京冬奥会、冬残奥会。加强中外人文交流，以我为主、兼收并蓄。推进国际传播能力建设，讲好中国故事，展现真实、立体、全面的中国，提高国家文化软实力”。

自工业革命以来，科技的不断进步减轻了人们的工作负荷，生产力的不断发展改变了人们的生活方式，生活水平的不断提高使人们的闲暇时间日渐增多。早在20世纪末，社会学家格雷厄姆·米利托就曾在*Economist*杂志上撰文称：2015年，发达国家将进入“休闲时代”，发展中国家将紧随其后。[1] 时至今日，格雷厄姆·米利托的预言就算没有完全实现，也相差无几了。中国作为发展中国家，自改革开放以来，经济、社会的发展均取得了长足的进步。目前，中国已经超越日本成为仅次于美国的世界第

---

〔1〕 刘德谦，高舜礼，宋瑞.2010中国休闲发展报告［M］.北京：社会科学文献出版社，2010：1.

二大经济体，全面建成小康社会的奋斗目标也即将实现。随着居民收入水平的不断提高，闲暇时间的不断增多，人们参与休闲活动的需求与日俱增。2013 年，国务院发布《国民旅游休闲纲要(2013—2020 年)》，为人们进行休闲活动提供了进一步的政策支持与保障。

休闲体育是休闲活动不可或缺的组成部分，是人们在闲暇时间实现休闲目的的重要途径，对增进人的身体健康、实现人的全面发展，以及缓和社会矛盾均具有重要意义。伴随着人们对休闲体育活动的需求与日俱增，休闲体育的发展成为《全民健身计划(2016—2020 年)》《体育发展“十三五”规划》的重要组成部分，打造健身休闲市场、发展休闲体育产业成为《全民健身计划(2016—2020 年)》《体育发展“十三五”规划》的重要目标任务。国家和社会的发展、经济水平的提高，提供了人们进行休闲体育活动的必要条件，满足了人们进行休闲体育活动的需要，休闲体育产业的发展也对国家的经济、文化、教育的发展起着积极的促进作用。休闲体育产业作为朝阳产业，有着广阔的发展前景，已成为带动国家经济发展的新的增长点。

希望本书的出版能为我国休闲体育的发展略尽绵薄之力。本书所述内容只是作者本人的一孔之见，受学养所限，难免有不当之处，希望广大读者不吝指正。

目录
CONTENTS

第一章　休闲体育概述

随着我国社会经济的发展和科技文明的进步，渗透着人文精神的休闲体育作为一种社会文化形态，已经成为人们日常生活和社会生活的重要内容。休闲体育以人为中心，是一种关注人生的真谛和人类命运的理性态度，是对人的本质实现终极关怀的体现，在当代社会发展和人类发展的过程中，起着定向、凝聚、激励和推动的重要作用。西方国家休闲体育的发展已经有一百多年的历史了，而我国开始研究休闲体育只有二十年的时间。但近二十年来，随着我国社会的进步和人民生活水平的提高，以及人们自身生活价值的需要，人们对休闲体育的认识大大提高。休闲体育已成为现代社会生活方式的一种时尚和标志，并在人们的生活中发挥着越来越重要的作用，我们应该进一步加强对休闲体育的研究，进而推动休闲体育在我国的发展。

一、休闲体育的定义和内涵

（一）休闲体育的定义

在给休闲体育下定义前，我们有必要先探讨一下“休闲”的概念。

对休闲的解释，不同的时代、文化、民族与国家有着不同的定义。西方文化对休闲有一个共识：休闲中的核心成分是放松，休闲是悠闲自在的，甚至要将活动与行为区别开来。古希腊哲学家亚里士多德认为，休闲与心灵、精神和个性密不可分，是一种心无羁绊的状态。[1] 杰弗瑞·戈比认为，休闲是一种自由的生活，它从文化和物质环境的外在压力中解脱出来，个体能够选择自身感到有价值的、喜爱的方式生活。[2] 约翰·凯利认为，休闲是一种“成为状态（state of becoming）”，即休闲不仅是当前的显示，而且是一种连续的、动态的表现，具有面向未来的因素。[3] 我国学者对休闲也有自己的解读。于光远认为，休闲是人们对可以不劳动的时间的一种利用，是人们可以做主的一种行为。[4] 马惠娣认为，休闲是人的一种存在、生存和精神状态，是人“成为人”的过程。[5] 休闲的最好状态是以欣然的心情去做自己喜爱的事情。张广瑞、宋瑞认为，休闲是人在自由可支配的时间里，选择从事自己喜好的活动，并在活动过程中感到身心愉悦和精神满足。[6] 马勇、周青认为，休闲是人们在自由可支配的时间里，从事有利于身体休息和体能恢复且内心能体会到愉悦感的活动，并且包括由这种活动所引起的一切现象和关系。[7] 从上述国内外众多专家学者对休闲概念的界定表述中，不难发现其中有一些共同的因素，诸如“时间”“人的主动过程”“注重精神”“是一种过程”等。为此，我们认为，休闲是指人们在闲暇时间里，主动选择从事自己所喜爱的事情，从而达到身体放松和精神满足

---

〔1〕 张良．我国休闲体育的现状与发展策略［D］．重庆：西南大学，2010.

〔2〕 杰弗瑞·戈比．你生命中的休闲［M］．康筝，田松，译．昆明：云南人民出版社，2000：14.

〔3〕 约翰·凯利．走向自由：休闲社会学新论［M］．赵冉，季斌，译．昆明：云南人民出版社，2000.

〔4〕 于光远．吃·喝·玩：生活与经济［M］．上海：华东师范大学出版社，2001：132.

〔5〕 马惠娣．休闲：人类美丽的精神家园［M］．北京：中国经济出版社，2005.

〔6〕 张广瑞，宋瑞．关于休闲的研究［J］．社会科学，2001（5）：17－20.

〔7〕 马勇，周青．休闲学概论［M］．重庆：重庆大学出版社，2008：28.

的过程。

通过对休闲概念的了解，有助于我们进一步探讨休闲体育的概念和含义。什么是休闲体育，到底怎么来定义休闲体育，目前的说法并不统一，也还没有形成大家公认的定义和解释，专家们从不同角度、不同视角给出了不同的界定。

罗歇·苏认为，休闲体育是身体活动的较高阶段，它与简单放松的散步不同，它需要的是更持久的、更强的身体努力。但它也不完全等同于传统意义上的体育活动，因此，它处于简单放松的状态与传统意义上的体育活动之间。它具有一些独特的特点，例如：不具有竞争性，不追求成绩，不要求进行强烈的有规律的身体训练。它是通过自发的、非正式的体育活动，达到身体放松和心情愉悦的目的。[1] 20 世纪末，日本休闲体育振兴协会对休闲体育的解释为：在体育项目中，有很多娱乐性很强的项目，比如高尔夫、潜水、汽车旅游等，但休闲体育并非专指其中的某一种体育项目。只要我们将某一项目作为休闲体育进行，并达到了身心愉悦的目的，那这一项目就可以被称为休闲体育。[2]

石振国和田雨从人的心理和生理发展的角度认为，休闲体育就是人们在休闲时间里自愿参与、自主选择的，以身体参与为主要手段，以缓解压力、恢复体力、娱乐身心、调节情绪、强身养生为主要目的的一种健康科学的身体活动方式。他们认为，休闲体育具有休闲时间特征、非功利性特征、自主性特征、身体参与性特征等。[3] 卢锋则用三维六相立体模式对休闲体育进行了描述，他认为休闲体育是在相对自由的社会

---

〔1〕 罗歇·苏．休闲［M］．姜依群，译．北京：商务印书馆，1996：12.

〔2〕 杨铁黎，苏义民．休闲体育产业概论［M］．北京：高等教育出版社，2011：76.

〔3〕 石振国，田雨．休闲体育［J］．体育文化导刊，2004（8）：21.

生活环境和条件下，人们自愿选择并从事的各种形式的体育活动的统称，认为休闲体育是体育的一种现象，也是体育的一种存在形态，是人们社会休闲活动的主要形式之一。[1] 梁利民从文化品位的角度认为休闲体育是以满足自身发展需要、培养自身生活情趣、提高自身生活品位和格调、获得自身身心自由与快乐为主要目的，具有一定文化品位的体育活动。[2] 闫永江从消费社会学和行为学的角度认为，休闲体育具有符号化、个性化和体验化的特征。[3] 李相如、凌平、卢锋认为，休闲体育是人们在自由时间里，自觉或自愿地通过身体练习或非身体练习的方式，满足身心需求的一种社会文化活动，具有回归精神家园的目标追求。[4]

对于休闲体育的概念，我们认为应当从以下四个层面来理解。首先，休闲体育是人们在可自由支配的闲暇时间里进行的体育活动。在充分享受运动本身带来的乐趣的同时，进行放松与消遣，实现身心的健康发展。其次，休闲体育是一种非功利性的活动，它追求运动本身带来的乐趣，这种乐趣可以一个人独享，也可以由某个体育群体所共享，如刻意追求竞赛成绩及成绩背后带来的丰厚奖金，将其变成渔利和谋生的手段，就会背离休闲体育的性质。再次，休闲体育不是纯粹地以强身健体为目的的体育运动，而是以体育活动为手段，寻求身心健康、获得愉快情感体验、提高生活质量的一种运动方式。最后，休闲体育是人们在闲暇时间里进行的一种自发性的主体活动，能够直接满足主体的身心发展

---

〔1〕 卢锋．休闲体育概念的辨析［J］．成都体育学院学报，2004（5）：25.

〔2〕 梁利民．当前休闲体育研究若干问题论析［J］．成都体育学院学报，2007（1）：43.

〔3〕 闫永江．休闲体育行为特征分析［J］．沈阳体育学院学报，2006（5）：78.

〔4〕 李相如，凌平，卢锋．休闲体育概论［M］．北京：高等教育出版社，2011：3.

需要，其良好的情感体验会更加激励主体的参与性与自觉性，形成需求与满足的良性循环，不断促进主体的全面发展。

综合各位学者的研究以及上述分析，我们认为，休闲体育是当代社会演变和发展的结果，是适应人们生活、身体的需要，结合丰富文化娱乐生活、身心健康而自觉选择的体育活动，是区别于竞技性体育的生活体育活动。也就是说，休闲体育是指人们在可自由支配的时间里，为达到愉悦身心的目的而主动选择参与一些非正式体育活动的过程。

（二）休闲体育的内涵

1. 休闲体育的基本内涵

随着人类社会的进步，人们在肯定闲暇是天经地义的事情之后，怎样度过闲暇时间就变得重要起来。从人类学的角度来看，人类需要休闲，休闲是人类可持续发展的源泉，中西方的先哲们都对休闲表示了敬意。古希腊的亚里士多德认为，休闲是一切事物环绕的中心；瑞典天主教哲学家皮普尔认为，休闲是人类文化的基础。孔子在《论语·阳货》里说过一段很耐人寻味的话："饱食终日，无所用心，难矣哉！不有博弈者乎？为之犹贤乎已！"孔子首先对那些饱食终日、无所事事的人表示了不满，认为他们没有好好地利用闲暇时光，并进一步指出，玩玩棋牌之类的游戏对于打发闲暇时间是很有好处的。孔子的这个看法，指出闲暇时间应该通过一些有意义的游戏活动来度过，从某种意义上可以说是我国古代关于体育休闲的最早表述。毛泽东非常重视体育运动，他既是倡导者，又是践行者，曾在《体育之研究》中提到"体育者，人类自养其身之道""体育一道，配德育与智育，而德智皆寄于体""运动既久，成效大著，发生自己价值之念。以之为学则胜任愉快，以之修德则日起有功，心中无限快乐，亦缘有恒而得也"等重要论点，说明体育运动具有健身娱乐之效。由此可见，休闲性的体育活动是人类进行自我保护和自我发展的手段，是人类根据一定规则制造出的一种有益无害的替代性活动。“球类活动和一些对抗性的集体项目主要通过破坏对方的阵型的手段来获胜；棋牌类通过‘吃’掉对方的棋子和小牌来获胜；保龄球、斯诺克桌球将‘整齐’破坏为‘零散’。”[1] 从这个角度来看，休闲体育游戏、活动的“虚拟性”满足了人类在现实生活中不可能被满足的破坏欲和攻击欲，从而使人们获得参与后的愉悦。

（1）社会学视角下的休闲体育

只要有人类存在，体育活动就存在。对人类社会发展而言，体育的意义是深远的。在农耕时代，人类只有大约10%的时间用于休闲；在工匠和手工业者出现之后，人类则省下了17%的时间用于休闲；到了蒸汽机时代，由于生产力水平的显著提高，人类将休闲时间提高到了23%；而到了20世纪90年代，电子化的动力机械提高了每一项工作的速度，因而使得人们能将生活中41%的时间用于追求娱乐休闲。西方未来学家曾做出过这样的预测：到2015年，“可以让人们把生命中50%的时间用于休闲”，发达国家将进入“休闲时代”，休闲将逐渐演变为人类生活的主要内容。[2] 今天看来，这一预测应该大致实现了。随着我国五天工作制的实行，人们节假日增多，工作时间缩短，闲暇时间增加。而休闲体育作为社会发展的产物，除了可以消除大脑疲劳，调养身心，还可以自由地支配时间和行为，最大限度地发挥人类的才能，实现自我发展，并由此得到精神上的愉悦，休闲体育已成为人们日常生

---

〔1〕 包心鉴．我国经济社会转型时期人文精神的建构［J］．理论前沿，2001（13）：9－10.

〔2〕 袁建国．休闲体育促进体育用品业发展的研究［J］．北京体育大学学报，2009（10）：12－13.

活中必不可少的一部分。而就休闲活动的内容而言，休闲体育则占有十分重要的、特殊的地位。

（2）哲学视角下的休闲体育

宇宙间的一切事物无不处于运动之中，运动是一切事物存在、发展的形式和条件，也是生命存在、发展的形式和条件。生命的自我更新、自我复制和自我调节过程也就是生命的运动过程，对于生命来说，运动是绝对的，是矛盾的主要方面，生命的存在和延续离不开运动。恩格斯说："运动是物体的相对静止的可能性，暂时平衡状态的可能性，物质分化的根本条件，因而也是生命的根本条件。""在活的机体中我们看到一切最小的部分和较大的器官的持续不断运动，这种运动在正常的生活时期是以整个机体的持续平衡为其结果，然而又经常处在运动之中，这是运动和平衡的活的统一。"[1] 作为人体的自身运动——体育运动是人类特有的有意识、有计划、有目的的行为活动之一。远古时代的人们在生产和生活的过程中产生了体育运动的雏形，并在生产劳动中不断地发展和完善。作为帮助人们认识体育运动产生、发展的一般规律现象的哲学，揭示了体育运动的本质，把体育各门类科学的共同性质作为一个整体来研究，揭示了其发展的一般规律。近年来，科学家从人、自然和社会科学等多个领域和角度对体育休闲活动进行研究，认为合理地参与体育运动与休闲活动能够使人的精神活动处于一种最佳的状态，在紧张的生活和社会压力中达到消除和缓解疲劳的目的。

（3）人类学视角下的休闲体育

对自由的追求一直是人类的生存目的之一，有学者从人类学的角度

---

〔1〕许晓容. 休闲体育发展的必然性论析［J］. 体育与科学，2009（1）：48－50.

指出，“体育根源于人的本质，体育的本质在于人类的自我创造”。[1] 休闲体育可以满足人对自身本质的追求及提供人类创造自我的渠道，还可满足人类不断增长的物质和精神文化需要。休闲体育活动可以最大限度地发展人的各种能力、爱好、特长等，充分展示自身的个性和才华，实现个人价值和自我的全面发展，是社会发展的必然趋势。从人口结构变化来看，到2001年我国已进入老年型人口国家之列。据新华社报道，至2010年11月，我国第六次人口普查结果显示，60岁及以上人口已占13%以上，其中65岁及以上人口为118831709人，占8.87%。[2] 老年人除了具备足够的时间和经济能力，健康问题和延年益寿的愿望成为促使他们健身的主要因素和动机。随着经济的发展，我国城镇人口日益增加，国家统计局2017年1月公布的数据显示，2016年我国城镇常住人口达79298万人，比2015年末增加2182万人，乡村常住人口58973万人，比2015年末减少1373万人，城镇人口占总人口比重（城镇化率）为57.35%。[3] 按照国际经验，我国2030年城镇化率可能达到70%，未来10年将是城镇化的快速发展期。城镇化率的大幅增加，表明有相当一部分人转入第三产业或其他产业，更多的人有更多闲暇的时间，对休闲体育的需求也会随之增加，成为休闲体育发展必然性的因素之一。社会发展的主体是人，离开了人，离开了人的全面发展，任何社会的发展、国家的建设就都失去了意义，而人在发展中对休闲体育的需求又促进了其发展的必然性。

---

[1] 卢元镇．中国体育社会学（修订本）［M］．北京：北京体育大学出版社，2000（5）：92.

[2] 伍雄武．现代人与体育［M］．北京：中国社会科学出版社，1990：5－60.

[3] 中国城镇化率［EB/OL］．https：//baike. so. com/doc/9015906－9345451. html.

(4) 经济学视角下的休闲体育

经济的蓬勃发展、文化环境的相对宽松、大众传媒的空前解放为时尚文化的形成和发展创造了非常有利的条件。在这种形势下，社会转型时期的经济发展为时尚文化的形成提供了最适宜的土壤。由于时尚文化是大众文化的重要元素，从一定意义上讲，时尚文化就是大众文化的最极端化的表现。时尚文化作为青年所追求和模仿的文化对象，实际上是大众文化在消费社会中为经济动机所推动的最前沿的形态，休闲体育就是在这种形势下应运而生的一种新的文化形态，是大众时尚文化现象的代表，是体育与时尚文化的结合。到目前为止，我国的法定公休假日已经达到 135 天/年，为人们的旅游、健身、娱乐、体育休闲等提供了时间上的保障。与此同时，我国居民的经济收入也在逐年上升，生活水平的提高为休闲消费创造了空间。相关数据显示，截至 2017 年年底，我国居民人均可支配的收入达 25974 元，比上年名义增长 9.0%，扣除价格因素，实际增长 7.3%。其中，城镇居民人均可支配收入 36396 元，增长 8.3%，扣除价格因素，实际增长 6.5%；农村居民人均可支配收入 13432 元，增长 8.6%，扣除价格因素，实际增长 7.3%。全年全国居民人均可支配收入中位数 22408 元，增长 7.3%，中位数是取平均数的 86.3%。其中，城镇居民人均可支配收入中位数 33834 元，增长 7.2%，是平均数的 93.0%；农村居民人均可支配收入中位数 11969 元，增长 7.4%，是平均数的 89.1%。[1] 人均可支配收入的增加，也使得人们在进行体育活动时少了很多经济支出方面的顾忌。

[1] 国家统计局：2017 年全国居民人均可支配收入 25974 元［EB/OL］. http://finance. people. com. cn/n1/2018/0118/c1004 - 29773181. html. 2018 - 01 - 18.

收入水平的提高有利于城乡居民消费结构的优化，同样预示着体育休闲消费比例会逐年上升。健康问题成为现代关注的热门话题，不关注健康就不能享受生活，健康和生命是生活和事业成功的前提条件。在这样的背景下，作为增进健康和释放压力的手段——休闲体育运动将越来越受到人们的青睐。

（5）和谐思想中的休闲体育

构建和谐社会是对我国改革开放和现代化建设经验的科学总结，也是在新的国内外形势下提高党的执政能力、贯彻落实科学发展观、更好地推进我国经济社会发展的战略举措，表达了我们党坚持以人为本、执政为民的基本理念，反映了中国人民创造美好生活的共同愿望。“和谐”是中国文化的重要思想，其基本精神体现在中国文化的各个领域，强调了人与自然、人与社会、人与人、人与自我的四大基本关系中的二元对应、互动和协调。在中国传统文化中，儒家文化强调心理与伦理的和谐，突出个体在社会伦理关系中求得和谐发展的思想。孔子就曾提出著名的“和而不同”“和为贵”的主张。[1] 道家文化强调人与自然的和谐，主张道法自然，与自然合一，而又超越自然。庄子说：“天地与我并生，万物与我为一”“人与天，一也”，[2] 突出的也是人与对象的和谐，人与宇宙万物合而为一的思想。从总体上说，中国文化的和谐思想，其哲学含义就是把主体与客体、人与对象、个体与社会、必然与自由等对立统一的要素，和谐、均衡、有序、稳定地排列组合在一起，构成一个相互对应、互动有序的和谐统一体。中国文化的和谐思想同样贯彻在休闲体育文化领域，并成为休闲体育文化的核心理念。和谐思想贯

---

〔1〕 陈立，胡爱武．建设小康体育的社会学分析［J］．体育与科学，2003（6）：28－31.

〔2〕 杨伯峻．论语译注［M］．北京：中华书局，1980：11.

穿在休闲体育实践之中，便是中国休闲体育文化终极指向的意义体现，即建构自然、稳定、有序的客观世界，反对破坏二者之间的均衡与和谐。在人的主体方面，休闲体育要求躯体与精神的统一；而在人与对象方面，休闲体育则要求人与对象之间保持和谐一致、和平相处。从实践效果上说，“和谐”的休闲文化理念与休闲体育的终极目标是一致的，要使人们呈现出自由的、宁静的、愉悦的感受，使人获得轻松、愉快、和谐、舒适的美感。休闲就是人们为了修身养性、愉悦身心、实现自我和完善自我，在可自由支配的时间内，自主选择自己爱好的活动。当人们把某种体育项目用于休闲娱乐时，则可以将其看作休闲体育。也正是在这一意义上，我们把休闲体育概括为：“人们在闲暇时间所进行的、以满足自身发展需要和愉悦身心为主要目的、具有一定文化品位的体育活动。”

2. 人文精神观照下的休闲体育

上文分别从社会学、哲学、人类学、经济学等学科角度分析了休闲体育的内涵，但事实上，体育伴随了人类社会的发展与进步，参与了人类文明的提升与完善。从诞生之日起，休闲体育就具有了人文的特质，因此，从人文精神的视角分析休闲体育，有助于我们深化对休闲体育内涵的认识。

（1）人文精神的基本内涵

其一，史学观下的人文精神。

人文精神是一个历史性的范畴，有不同的历史形态和时代内涵，彰显人性、主体性。在原始文明时期，它隐身于自然精神，在生存挣扎中萌芽；在农业文明时期，它戴着宗教精神的神圣面具，也戴着蒙昧主义的沉重枷锁；进入工业文明时期，它以科学精神武装自己，却也被物化精神所钳制；直到人类文明飞速跨入知识经济生态文明的今天，它更加鲜明地体现出人对自身自由本质的自觉意识，体现出以人为本又突破以往狭隘人类中心主义的积极的价值取向，关注人性的不断拓展和不断完善。在目前世界经济一体化、文化全球化，以及文化交流和文化冲突空前广泛、剧烈碰撞的背景下，在人类文明空前强盛也空前危机的情况下，人类精神的走向应有重大变化，人文精神应更明确地体现为“全人类精神”，各种特定形态的人文精神的反思、重组和整合已迫在眉睫。

其二，不同文化形态中的人文精神。

人文精神在不同文化形态中有不同的表现，在以处理人与自然关系为中心的西方文化体系中，人文精神更多地体现为人对自然由敬畏到认知、征服、守护的态度变迁，以及人自身原罪意识向主人意识、主体意识的过渡；在以处理人与社会关系为中心的中国文化体系中，人文精神更多地表现为追求人与自然、人与社会的和谐及理想人格的实现，有明显的现实精神；在以佛教文化为代表的印度文化体系中，更多地体现为追逐彼岸世界、强调精神升华、寻求精神归宿的不懈努力。什么是人文精神？如何界定当代人文精神的范畴？通过以上分析可以看出，对于人文精神，人们有着各种不同的理解，但通过这些不同的理解，又可以找到一个根本上的相同点，即人文精神高度宣扬人的意义和价值，反映主体内在的精神特征。从总体上说，人文精神是一种人的主体精神，一种关注人的主体价值的精神。人文精神作为对人的意义和价值的追求，指向人的主体心理层面，展示人的内在的主体精神，其内涵包括价值信念、道德情操、理想人格、精神境界等。

因此，我们可以概括：人文精神是人类为争取自身的生存、发展和自由，以真、善、美的价值理想为核心，不断追求自身解放的一种自觉文化精神。它是人类文化所体现出的一种价值取向和人生态度，强调以人为本的一种精神。人文精神既有永恒的主题，又有历史的范畴。人文精神的实质是对人之所以为人的思考，包括对生命价值、生命意义的追求，对人与人、人与社会、人与自然之间关系的探寻等，这是人文精神永恒性的内容。同时，人文精神又具有时代性，可以说是一种时代精神，其具体内容随着时代的发展不断发展变化，并衍生出新的生命力。不同时代的人文精神具有不同的具体内涵和规定。

（2）休闲体育与人文精神的基本内涵

其一，休闲体育与人文精神的交融。

关于休闲体育文化的表现形式，卢元镇先生早在 1983 年就敏锐地指出："长期以来，我们早已习惯把'体育运动'概念的范畴划作'学校体育''运动训练与竞赛'和'身体锻炼'这样三个比较严肃的部分，然而在现实生活中还存在着一种大量的社会现象：人们怀着轻松愉快的心情自愿参与各种体育活动和娱乐活动，他们既不受限于体育教育学的种种严格规定，也不追求高水平的运动成绩。甚至有的并不把体育的强身祛病作用放在首位，而把体育运动作为一种有意义的活动形式度过自己的闲暇，使个人在精神和身体上都得到休息、放松和享受。"[1] 胡小明认为："体育休闲娱乐并不意味着这类体育活动与其他体育活动在动作方式上有什么特别的不同之处，而是说这类体育活动与'休闲'这一活动所需要的情趣相适应，有某种文化娱乐意义，从而使得这类体育活动从一般的身体活动变成一种情趣、一种生活方式。"[2] 法国学者罗歇·苏认为："体育休闲是身体活动的较高阶段。它需要更强的、更持久的身体努力，但不能将它完全与真正意义上的体育活动混淆。它相对介于通过散步的简单放松和传统意义上的体育之间的中间阶段，它具

〔1〕 卢元镇．论消遣与娱乐［J］．体育科学，1983（1）：12.

〔2〕 胡小明．体育休闲娱乐理论与实践［M］．北京：高等教育出版社，2004：24－25.

有一些区别于严格意义上的体育的特性，它既不以通过比赛追求成绩，也不以崇拜力量为目的；它既不要求遵守刻板的规则，也不要求有规律的强烈训练，而是通过非形式的、自发的体育活动，追求身体的放松和舒服。”〔1〕

体育休闲观念的确立，体育成为大众文化时代人们参与休闲的一种表现，应当说，休闲体育作为一种新的体育形态，体现了体育的休闲功能，同时也形成一种新的体育观念，即从时代发展的角度来审视休闲体育的功能。人文精神的主题就是以人为本，其目标就是追求真、善、美的高度和谐统一，实现人的全面发展，休闲体育人文精神正契合了这种思想，为休闲体育的形成和发展提供了基本依据。休闲体育人文精神体现在强调个体生命的具体性和尊重个体的存在以及个性的发展中，即在体育活动中，人作为主体，从个体生理上、心理上、思想上以及精神上都得到了良性发展。

其二，体育人文精神的本质。

几个世纪以来，人文的含义几经演变，体育人文精神也历经了三个阶段。第一阶段是古代体育人文精神，注重人的文化教养，主要表现在古代文化教育和军事教育之中。第二阶段是近代体育人文精神，在恢复体育和体育教育学科的过程中，开始走向以人的身心全面协调发展为核心的体育人文精神。第三阶段自 19 世纪后期以来，明确了以人为核心，把维护人的身心健康列为体育文化发展的首要目的。社会文化构成了体育文化的人文基础，也为体育人文精神的形成和发展提供了依托。人文精神关注人性的自由和提升，关注人的生命意义和价值，为人类心灵归属寻觅精神家园。生命的健康是体育文化终极关怀的对象，从人的生命健康的角度，关心人的身心发展和优化人的生活方式。体育文化的一般

〔1〕 罗歇·苏. 休闲［M］. 姜依群，译. 北京：商务印书馆，1996：74.

主题是以人为核心，弘扬人性和维护人的健康生存权。体育人文精神也由此获得了最基本的文化定位，即体育人文精神应该以人为核心，维护人的健康权利，肯定人的健康在其生命过程中的意义和价值，从而追求一种生命过程的健康方式。由此可见，体育人文精神的特征表现为对人生存健康的关怀、优化人的生活方式和对人性的弘扬与追求。体育人文精神是体育文化的核心体现。

其三，人文精神在我国休闲体育中的特征。

休闲体育作为一种社会文化现象，它的发展必然是与社会发展紧密联系在一起的。21 世纪的人类社会是知识经济和信息革命的社会，是科技高度发达的社会，这种发展的结果必定改变了体力劳动在生活中的地位，缩短了工作时间，加大了脑力劳动的强度，体育的社会功能就从强身健体演变为人们对生活质量的追求，体育的概念也被赋予了新的内容并体现出新的文化价值，即人们在通过体育来强身健体、不断向自身极限挑战的同时，更加追求体育的休闲、娱乐功能以满足身体和精神的高品质需求。于是体育便成为人们休闲的一种重要方式，形成了体育的另一种新形态——休闲体育，它的兴起是时代赋予体育的一种新的功能，是人们适应社会生活需求，改变人们生活方式和行为方式的一种手段，也是体育人文精神的一种回归。人文精神是以人为文化发展核心、把人作为主体存在的一种文化思想的体现。正是人文精神的这种一般的文化主题，为休闲体育人文精神的形成和发展提供了文化上的最基本的依据。

对休闲体育人文精神，我们很难给出确切的定义。从各种提法的休闲体育人文精神的概念，可以大致归纳出以下几层含义：①价值原则层面的含义，即对公正、平等、正义等重大价值的渴望与呼唤；②道德层面的含义，即对道德行为、道德修养、道德信念和道德人格的看重与追寻；③科学层面的含义，即对知识、科学、真理的重视与求索；④主体层面的含义，即对人的关注、尊重和对人的主体性的期盼与高扬。因此，可以总结为，休闲体育人文精神是一种文化思想的体现，它追求真、善、美等崇高的价值理想，以人的发展为终极目的，关注人的存在、意义和价值。休闲体育运动所蕴含的价值观、道德伦理、思维方式、行为方式等，都是休闲体育人文精神的集中体现，休闲体育是人文精神的标识。

（3）人文精神的作用

其一，人文精神是现代观念体系的核心。

整个现代化进程中，人文精神重点不同但宗旨不变。早期注重世俗精神、民主精神，张扬个性，崇尚才艺，猛烈抨击宗教专制制度及其思想束缚；中期则全面建构突出理性精神、科学精神、个体本位、人类中心主义的现代性；后期则以发生反思和重写现代性为重点，突出自由精神，以人本主义抗衡科学主义，以价值理性校正技术理性，以生态原则制约人类沙文主义，以人类意识淡化民族中心主义，在解构中寻求人类文明发展的新的突破口。在整个现代化进程中，人文精神贯彻始终，是最具包容性的概念，是将当代各种观念内在地连接在一起的核心范畴，是价值和合法性之源。

其二，人文精神是文化多元时代最具感召力的旗帜。

现代化是打破地域、民族、国家、体制、文化界限的全球一体化的进程，是世界历史的真正开始，在这一进程中，任何文化体系都无法孤立自存，无论主动还是被动，都要纳入世界经济、政治、文化的大循环中，不可避免地在文化生态的竞争中自分高下、各领风骚、互通有无、择优汰劣，形成以时代精神为龙头的人类精神发展序列。当代人文精神以科学理性为根基，关注人自身的生存状态和意义，促进社会协调、可持续的发展和人自身全面而自由的发展，是现代精神、民族精神、文化精神的统合，也是世界文化发展的核心理念，自然也可作为中国现代化的核心理念。

其三，人文精神是时代精神的典型形式。

在人类文明由工业文明向信息文明、生态文明过渡之际，精神生产开始呈压倒趋势，人的情感、人的意识、人的自由自觉的本性、人的创造性和想象力在高科技时代成为人与机械区别的根本点。人的精神性成为随着时代不断变化的人性在当代的本质规定，人的精神结构、精神生活、精神生产、精神世界、精神家园成为21世纪建构的重点，这是世界现代化进程的一个重要转折点。在物质生产力高度发达的基础上开始了精神生产的全面现代化，目标直指人自身的全面而自由的发展，人文精神无疑是时代精神的典型形式。

其四，当前人文精神是对传统人文精神的批判性的继承。

传统人文精神是中国传统文化的核心精神，是当代文化接续的本根，无论是继承，还是批判、发展、嫁接，人文精神都是最佳切入点。每一种文化的变革都是文化交流的产物，而异质文化的融入必须找到合适的结合点，经历本土化的过程，才能植根、发展。中国传统文化最丰厚的资源植根于人文领域，这是民族文化的基础，现代文化的发展、变革都不能脱离这个基础，只能在这个基础上起作用，任何无视中国传统文化对中国现代化的积极和消极的影响，都将严重阻碍中国现代化的进程。

其五，人文精神是多种对立元的重合交叉。

中国现代化正处在前现代、现代和后现代的交叉点上，与多层次的经济基础相对应，唯一能整合不同层次、不同性质的矛盾并将其序化的只有“人文精神”这一囊括力极强的概念。人文精神处在当代世界精神与中国精神、现代精神与民族精神、传统资源与现代视野等多种对立元的重合交叉区域，是整合转型期潜入混乱世界的种种矛盾观念的最具力度的原则。

二、休闲体育的作用

随着社会的进步，休闲体育成为人们消除疲劳和排解压力的重要手段。在自由的时间和空间里，通过各种各样的休闲体育活动，能够促进人自身、人与自然、人与社会的和谐发展。

（一）休闲体育促进人与自然的和谐相处

休闲体育作为一种自由、欢快、轻松的活动，完全摒弃了竞技体育的纯竞争性、功利性及政治性，人们可抛开一切烦恼，敞开胸怀、随心所欲地融入大自然。休闲体育的内容丰富多彩、形式多样、项目众多，为人们提供了非常广阔的休闲空间。人们通过参与休闲体育活动，特别是野外休闲体育活动，可以尽情地感受大自然神奇与超然的魅力，欣赏大自然迷人的风光，领悟大自然豪迈与奔放的激情，感受大自然宽阔而博大的胸襟，从而领悟到人与自然和谐相处的真谛。人们通过参与休闲体育活动，可以加深对大自然的热爱和崇拜之情，增强对大自然爱护和珍惜的意识，从而以实际行动参与保护大自然的活动，促进人与自然的和谐相处。而人与自然的和谐相处，又为人类的生存与发展提供了一个良好的自然环境。

（二）休闲体育促进人与人的和谐相处

在现代社会，社交体育得到了人们的普遍青睐。社交体育指为改善人际关系、增进社会交往而进行的体育交流活动，而社交体育反映了休闲体育的一个侧面。在体育交流活动中，互动、合作成为参与者的共识。这些体育活动在满足人们身心愉悦的同时，促进了人们的互动与交流，扩大了人们的社交圈，使人际关系变得融洽，有利于人与人之间的和谐相处。人是具有理智的动物，也是富有情感的动物。理性和感性都是人性中最为本质的部分，理性使我们意识到生命的崇高，让我们对生命多了一份深刻与洞见；感性使我们体味到生命的真实，让我们感受到生命的丰富与亲切。它们协调统一共同作用于人的世界，让人们在感受生命绚丽色彩的同时领悟生命意义的厚重。然而随着社会的进步，尤其是近代科学技术的迅猛发展，世界变成了纯粹的理性存在，人的一切情感和价值等感性因素在强大的理性面前都被去除，在一切通过抽象、概括、推理得来的冷冰冰的“数字”面前，生命中最为精彩的激情、直觉、敏感、欢愉等感性因素被悄然扼杀。古希腊哲学家柏拉图曾说，善的生活应该是一种混合的生活，一种理性与感性、快乐与智慧混合的生活。“生活中有两道泉在我们身侧流淌着，一道快乐，可以比作蜜泉；另一道智慧，可以比作清凉剂，我们必须设法将这两种东西配成可口的合剂。”[1]而休闲体育恰恰是对人类理性和价值体系发生断裂的现状做某些补救工作的一种努力。休闲体育作为一种情感体验的肢体文化，其最大的特点在于人的身体活动，而人的身体活动最基本的内容就是感性生命活动。生命的本性决定了人们必然顽强追求感性的愉悦和满足。在休闲体育中，人们完全摆脱了生活、工作、学习的压力，在完全轻松、愉快的自由环境中尽情舒展肢体，不仅可以获得肢体的放松与满足，体验生命的快乐、舒适和愉悦，而且可以满足社会交往和自我表达的高级需要，获得融洽、认同、归属以及审美等众多情感体验。同时，休闲体育活动作为人的生命存在的一种状态，成为人的意识发展到一定水平，对自己身体的健康、强壮和优美文化的追求的表征。这种人对自己身体的自我培育、有意识优化的追求正是感性活动的内容与感性生命的体现，也是人的感性生命

〔1〕 胡小明．体育休闲娱乐理论与实践［M］．北京：高等教育出版社，2004：24－25.

的直接需求和休闲体育作用于人的感性生命本质的回归。

（三）休闲体育促进人的身心和谐发展

随着科技水平的不断提高，脑力劳动者越来越多，同时，随着社会经济的不断发展，人们的收入不断提高，人们的生活方式和习惯也发生了巨大的变化，日常生活中，大多数人膳食结构不合理，脂肪、蛋白质、糖类摄入的比重越来越高，从而导致了一定程度的营养过剩。长此以往，人类在生理上必然会出现一定程度的缺陷，出现大量的“文明病”“富贵病”等。另外，现代社会竞争日趋激烈，许多人不同程度上存在着一定的心理压力，影响了人们的健康，成为现代人亚健康的一种新的表现形式。而休闲体育所特有的健身功能，能有效地缓解心理压力，提高人们的生理健康水平。体育是一种人类情感的宣泄，是一种真实的表现，更是一种本性的还原。休闲体育活动不仅使人的体质得以增强，更重要的是，可以帮助人们获得一种积极的心理体验。通过参与休闲体育活动，人们感受到了成功的喜悦，找回了真正的自我，调节了心理平衡状态，减轻了心理压力，消除了心理忧郁，促进了心理健康。

（四）休闲体育促进人的自我实现

随着社会的发展，人们的需求层次越来越高，自我实现的意愿越来越强烈，在现代人身上都有不同程度的体现。而在竞争日趋激烈的现代社会中，真正高层次的自我实现谈何容易。休闲体育的出现为人们的自我实现搭建了平台，人们可最大限度地挑战自然、挑战对手、挑战自我，进而达到自我实现的目的。人们通过获得自我实现的满足感，有利于增强自信心，有利于正确认知自我，从而以更好的状态投入到工作和生活中去，更加有利于人类社会及人类自身健康和谐发展。休闲体育是人们在闲暇时间自主选择的、以满足自身发展需要和愉悦身心为主要目的、具有一定文化品位的体育活动，是构筑在人体生理必需活动之上的、体现人们追求健康和身心协调的体育实践活动。参与休闲体育不再是人们体育竞技的手段和工具，这显示了人的主体地位在提升。休闲体育以满足人性的需求和非功利性为出发点，维护人的健康生存权，关注人本身的价值和意义，是体现和实现人的全面性和丰富性的身体活动，是整合和提升人性的身体活动，更是作为人的个体享用、享受、享尽生命权利和身体活动权利的过程。当代休闲体育人文精神的人道主义原则与休闲体育以人为核心、弘扬人性和维护人的健康生存权的文化内涵是相互统一、相互契合的。

（五）休闲体育可以优化人们的生活方式

休闲体育不但保持了体育的基本内涵，而且是在更高层次上使人们满足自己身体和精神的高品质生活需求的一种生活方式。休闲体育所富有的文化气息，不但满足了人们精神生活的需求，而且满足了人类实现自我发展的需求。当代体育不仅是传统的体育比赛和大众体育锻炼项目，也不再仅仅是以简单的强身健体为目的，而是以满足人们需求为目的的高品位、高质量的生活要求，是保持旺盛生命活力的有效方式，是体现生命价值、获得愉快情感体验、享受生活快乐、追求身心健康的重要途径。休闲体育文化在整合社会文化的过程中优化了社会文化环境和社会生活方式，成为现代人生活方式中不可或缺的内容。

除上述几点以外，休闲体育还能在一定程度上消除民众的不良心态，进而消除社会上的“戾气”，缓和社会矛盾，有利于人心的稳定和社会的长治久安。这也是本书意图重点研究的领域，本书的第四章和第五章将作详细讨论，在此不再赘述。

第二章 我国休闲体育发展的现状及策略

通过前文的分析，我们知道体育的发展与社会的发展水平密切相关。虽然改革开放40年来我国无论是综合国力还是社会发展程度都取得了长足的进步，但目前我国仍是一个发展中国家，东西部差距、城乡差距依然存在，城市与农村休闲体育的发展程度也不同。因此，对我国休闲体育发展的分析与研究必然要从不同方面着眼。本章分别从大城市、小城镇和农村三个方面入手，分析我国休闲体育发展的现状以及策略。

一、我国大城市休闲体育发展研究

（一）大城市休闲体育开展情况与分析

下面以广州市为例，通过相关的调查数据，来分析我国大城市的休闲体育开展情况。调查对象的基本情况如下。

1. 性别

“一个国家或地区的总人口中，男性和女性人口各自所占的比重就称为这个国家或地区的人口性别结构。”总人口性别结构是一个国家或地区全体人口中男女人数比例的反映。从本次调查看，男性276人，占样本总量的46%，女性318人，占样本总量的54%，男女性别比为1:

1.15（表2-1）。

表2-1　调查对象的性别分布情况　　$N=594$

性别	人数	占调查总人数比重/%
男	276	46
女	318	54
合计	594	100

2. 年龄

本次调查对象的年龄主要集中在18~40岁。根据联合国将人口年龄结构类型划分为青年型、中年型、老年型的标准来看，此次调查对象的年龄结构类型偏向于青年型结构，样本分布具有较高的代表性（表2-2）。

表2-2　调查对象的年龄分布情况　　$N=594$

年龄	18~28岁	29~40岁	41~48岁	49~55岁	56~65岁	66岁以上
人数	249	153	93	33	27	39

3. 职业状况

本次调查对象的职业主要包括人类：政府工作人员，企业职员，科研、教学、技术人员，服务人员，工人，个体、自由劳动者，离退休人员，医护人员，另外还有一些其他职业人员。调查对象的职业分布情况见表2-3。

表 2-3　调查对象的职业分布情况　　N=594

职业	人数	占调查总人数比重/%
政府工作人员	63	11
企业职员	156	26
科研、教学、技术人员	96	16
服务人员	60	10
工人	49	8
个体、自由劳动者	68	11
离退休人员	27	5
医护人员	39	7
其他	36	6
合计	594	100

4. 文化程度

本次调查对象的文化程度，有五类：初中及以下文化程度、高中及中专文化程度、大专文化程度、硕士及以上文化程度，其中本科人数最多（表2-4）。

表 2-4　调查对象的文化程度分布情况　　N=594

文化程度	人数	占调查总人数比重/%
初中及以下	12	2
高中、中专	66	11
大专	159	27
本科	255	43
硕士及以上	102	17
合计	594	100

5. 个人月均收入

本次调查对象的月均收入水平中，2000 元以下的人数最少，4001～6000 元的人数最多（表 2－5）。

表 2－5 调查对象的个人月均收入分布情况 $N = 594$

个人月均收入	人数	占调查总人数比重/%
2000 元以下	19	3
2000～4000 元	127	21
4001～6000 元	224	38
6001～8000 元	115	19
8001～10000 元	46	8
10000 元以上	63	11
合计	594	100

整体来看，本次调查涉及的对象具有较强的代表性，基本能反映出广州市中心城区居民休闲体育发展的整体状况。从调查对象的性别上看，女性略多于男性；年龄上，偏向于青年型（18～40 岁）。本次调查对象的职业涉及智力型职业、体力型职业和非在职人员。其中，企业职员占 26%，科研、教学、技术人员占 16%。调查对象的文化程度总体水平较高，其中本科学历占 43%，大专和硕士及以上学历的分别占 27%、17%。个人月均收入上，38% 的居民收入在 4001～6000 元，19% 的居民收入在 6001～8000 元，11% 的居民收入在 10000 元以上。由此说明广州市中心城区居民的总体收入水平相对较高，这为居民参与休闲体育运动提供了较好的经济基础。调查样本的这一构成情况，也对广州市中心城区居民休闲体育参与的总体特征和不同群体之间差异的研究具有较高的参考价值。

（二）中心城区居民闲暇时间活动分析

1. 中心城区居民闲暇时间

闲暇时间的定义是：“人们每天除去工作时间和睡眠、用餐及家务劳动等生活必要时间以外，用于个人发展、文化娱乐、消遣、社会交往等的自由支配时间。”[1] 马克思提出的“自由时间”概念可作为确定“闲暇时间”概念的基础。马克思说：“自由时间就是可以自由支配的时间，……这种时间不被直接生产劳动所吸收，而是用于娱乐和休息，从而为自由活动和发展开辟广阔天地。”[2]

研究表明，41%的中心城区居民平均每天有3小时以上的闲暇时间，18%的中心城区居民有2.1～3小时的闲暇时间，26%的中心城区居民有1.1～2小时的闲暇时间，有15%的中心城区居民的闲暇时间在1小时以内。这说明城市居民的闲暇时间较之以往有明显的增加。闲暇时间大量增加的主要原因有以下几个：①随着社会生产力的不断提高，人们的劳动时间逐渐缩短。我国自1995年实行五天工作制、1999年实行小长假期及带薪假期的方案，使得居民的闲暇时间增加了许多。②家务劳动的自动化、社会化使得居民从事家务劳动的时间减少了。马克思认为：“闲暇时间本身就是财富。”在谈到共产主义社会时，他指出：“那时衡量财富的尺度绝不会是劳动时间，而是闲暇时间。”[3] 由此可见，闲暇时间的增加为休闲体育运动的发展提供了必要条件。

---

〔1〕 魏河凡．浅谈经济发展与体育的关系［J］．体育时空，2011（6）：52.

〔2〕 马克思，恩格斯．马克思恩格斯全集（第26卷）［M］．北京：人民出版社，1976：281－282.

〔3〕 周威，赵娟娟．从中国羽超联赛的重启看广州市羽毛球运动的发展［J］．竞技体育，2012（5）：33－34.

2. 中心城区居民闲暇时间利用

广州市中心城区居民的闲暇时间主要用于上网、体育活动、睡觉、看书、读报刊、看电视、逛街、聊天、旅游等。其中，选择体育活动的居民达到总人数的39.90%，排第二，说明广州市中心城区居民参与体育活动的积极性很高，体育锻炼的意识也较强，休闲体育已越来越被中心城区居民所接受和喜爱。其中，选择上网的居民达到总人数的64.14%，位居第一，这是因为21世纪是知识经济时代，其特征就是网络化、数字化和信息化，智能手机的普及也为居民获取各种信息提供了很大的便利。38.89%的居民闲暇时间用于睡觉，是因为随着经济的发展，社会竞争力越来越大，"优胜劣汰"符合社会发展的规律。尤其是生活在广州这个沿海城市，生活压力更加不言而喻了，所以，闲暇时间选择休息也是对自己身心压力的一种释放。看书、读报刊的居民占总人数的37%，看电视的居民占总人数的35%，一方面居民可以从中获取大量的信息，另一方面也享受了休闲所带来的乐趣。

(三) 中心城区居民休闲体育参与行为特征分析

1. 中心城区居民休闲体育活动内容

广州市中心城区居民选择的休闲体育项目排位靠前的有羽毛球、散步、慢跑、爬山、舞蹈、游泳、篮球、足球、乒乓球、台球、瑜伽、健美操、棋牌、踢毽子、网球，等等。羽毛球的中选率为64%，在各种休闲体育项目中位居第一。原因有：首先，羽毛球是一项非常健康的体育运动项目，受场地的限制较小，而且运动量也较大，能起到很好的锻炼身体的作用。其次，广州拥有很好的羽毛球锻炼氛围。羽超联赛的举办在很大程度上带动了当地居民参与羽毛球锻炼的动力。"羽超联赛给广州市羽毛球运动带来了新的发展机会，满足了广州市羽毛球运动适应体育职业化发展的需要，也适应了我国市场经济发展的规律。”最后，广州市羽毛球运动发展本身有着很大的优势，主要表现在：拥有丰富的羽毛球场馆资源、政府的大力支持、广州市粤羽羽毛球俱乐部的成立等。目前，广州市参与羽毛球锻炼的人数已超过300万，位居全世界城市首位。

位居第二的是散步、慢跑类，中选率为57%。马克思认为：“最有效的、最适宜的锻炼和休息方式是散步。”首先，散步、慢跑对场地的要求不高，而且运动方式较灵活。其次，散步、慢跑的参与方式较灵活，运动量也较容易掌握。最后，散步、慢跑不需要太大的花费，也能起到锻炼身体的作用，因此被广大市民所选择。

爬山的中选率为49%，这主要是因为爬山既可以锻炼身体，又可以亲近大自然。足球的中选率达到了33%，相对较高。这与广州恒大、广州富力两家中超联赛俱乐部的带动作用不无关系。广州市早期就出台了一系列鼓励足球产业发展的政策，如2002年，广州市体育局颁布了《广州市公共体育场馆优待困难群众进行体育活动办法》；2005年，广州市人民政府颁布了《广州市体育竞赛表演市场管理办法》等。政府方针政策的支持，为足球运动的迅速发展铺平了道路。

棋牌类的中选率也达到了28%，棋牌类项目属于智力型运动项目，具有较强的娱乐性，既有趣味，又有技巧，具有明显的益智健脑和健身作用，主要为老年人所喜爱。舞蹈、游泳、台球、踢毽子、瑜伽等体育活动的中选率也较高，这些项目都具有明显的时尚性，主要为年轻人所青睐。选项“其他”中，被调查者填答的内容有射击、自行车、龙舟、舞龙舞狮、放风筝、荡秋千、滑板、跆拳道等，这些项目都具有民族传统性。总体上，广州市中心城区居民在休闲体育项目的选择上具有以下特点：其一，内容形式多样，运动方式灵活；其二，以简便易行、运动量容易控制、锻炼效果较好的项目为主；其三，运动性休闲体育项目较多，非运动性项目较少（表2－6）。

表2－6 广州市中心城区居民休闲体育项目选择情况

项目	人数	中选率/%	排名
羽毛球	381	64	1
散步、慢跑类	341	57	2
爬山	294	49	3
舞蹈	232	39	4
游泳	224	38	5
篮球	209	35	6
足球	195	33	7
棋牌类	165	28	8
乒乓球	161	27	9
台球	153	27	9
踢毽子	150	25	10
网球	150	25	10
瑜伽	145	24	11
健美操	144	24	11
漂流	117	20	12
保龄球	107	18	13
排球	101	17	14
钓鱼	94	16	15
攀岩	88	15	16
武术、气功	84	14	17
拓展运动	79	13	18
滚轴溜冰	73	12	19
高尔夫	68	11	20
其他	58	10	21

2. **广州市中心城区居民休闲体育活动的时间**

（1）活动频率

广州市中心城区居民参加休闲体育活动每周3次及以上的人数最多，选择率是36%，说明已经有36%的人有着体育锻炼的习惯，形成了较稳定的休闲体育人群。随着生活节奏的加快，社会竞争压力的加大，人们很容易感到身心疲劳，当体内负能量累积到一定程度的时候，容易引起紧张、抑郁、困惑和各种不平衡状态，这时必须找到合理的途径来释放，而休闲体育则是很好的选择。文明、科学、健康的休闲体育方式所追求的是一种健康、高级、崭新的现代生活目标，它是社会成员排遣精神压力、散发心中郁闷和青少年发泄积蓄精力的一个安全出口，它能有效冲击并抛弃不良生活习惯，抑制精神污染，减少赌博、吸毒、暴力、色情等丑陋行为的发生，引导社会风气，促进安定团结。[1] 有研究表明，通过参与休闲活动，可以形成积极的情绪状态，这对缓解抑郁和困惑等消极心理具有很好的作用。每周参加1次体育活动的人数达到总人数的30%，每周参加2次体育活动的人数也达到总人数的27%。每周参加0次体育活动的人数占总人数的7%，说明有7%的居民几乎从来不参加体育活动，究其原因，主要有生活压力大、没有精力、闲暇时间不够、场馆设施不便利等多方面的因素。

（2）活动时间

广州市中心城区居民每次参加体育活动的时间以30～60分钟的为最多，达到总人数的44%，61分钟以上的也达到总人数的40%，少于30分钟的占总人数的16%，这说明中心城区居民参与体育活动的时间较充分，基本上能达到体育锻炼的效果。

---

〔1〕 岳冠华．解读休闲体育［M］．北京：中国社会科学出版社，2012：7.

（3）活动时间段

广州市中心城区居民参与体育活动的时间段以晚上居多，选择人数有 244 人，中选率达到了 41.08%，傍晚其次（约 27%），上午最少，只有 4.38%，这基本上符合广州市中心城区居民的职业状况和年龄特征。

3. 广州市中心城区居民获取休闲体育知识信息的渠道

随着经济的发展、社会的进步，现代信息科技得到了迅速的发展，电视、报纸、杂志、广播及互联网等传媒也越来越发达，大众媒体作为现代社会中人们获取信息的手段之一，为人们的生活提供了准确、丰富和重要的信息，在人们的生活中扮演着重要的角色。当今社会，休闲体育作为社会文明进步的标志之一，以其独特的魅力，备受社会的关注和媒体的青睐。

研究表明，58.08% 的居民是通过新闻媒体来获取体育信息的，位居榜首。新闻媒体以其传播信息的生动性、直观性，成为主要的传播形式，而作为新媒体的微博，正在逐渐改变人们的体育生活方式。在 2010 年南非世界杯期间，仅新浪微博关于世界杯的话题就超过了 4200 万条，并有 252 万余人参与了支持球队的披国旗活动。43.43% 的居民是通过体育赛事了解体育信息的，位居第二。35.35% 的居民则是通过朋友介绍了解体育信息的，说明周围的朋友对个人是有一定影响的。

4. 广州市中心城区居民参与休闲体育活动的形式

研究表明，广州市中心城区居民参与休闲体育活动的形式以同学或同事（47.14%）、朋友（46.13%）间居多，反映了广州市中心城区居民在进行体育活动时对同伴的选择具有亲密性特征，融洽的体育活动可以加强人与人之间情感和人际关系的交流。选择独自一人活动的占总人数的 20%，这主要是因为个人活动比较自由，时间易于把握且更容易满足居民对体育多元化的需求。岳冠华认为："休闲体育是具有较大的自由度、个性化和小群体的活动。"因此，和同学、朋友一起，以及独自一人活动成为居民参与休闲体育的主要形式。和社团或社区成员一起活动的中选率仅为8%，说明居民所在社区组织开展的休闲体育活动较少，这一问题应当引起有关部门的高度重视。

5. 广州市中心城区居民参与休闲体育活动的目的

广州市中心城区居民参与休闲体育动机的调查结果显示，有408人是为了强身健体，达到总人数的69%。这表明，广州市中心城区居民参与休闲体育最主要的目的就是增强体质、增进健康。同时也说明休闲体育运动的强身健体作用的重要性已经得到广大居民的认可，这与现阶段我国大力提倡的全民健身运动相吻合。早在1917年4月，毛泽东就在《体育之研究》中深刻阐述了"健身强国"的思想。1952年6月10日，毛泽东为中华全国体育总会成立大会题词："发展体育运动，增强人民体质"，进一步深刻揭示了体育的地位、作用和目的，说明了体育最基本的本质就是增强体质、增进健康。其次是为了缓解压力，选择人数有285人，达到总人数的48%。随着社会经济的发展，生活和工作节奏的加快给市民造成的压力也日益增大，参加休闲体育运动"除了可以起到健身的作用以外，还可以通过身体的活动使因工作、生活的压力造成的紧张心理得到放松，同时获得趣味，使生活变得有意义"。[1]再次是为了娱乐消遣，选择人数占到总人数的40%。这说明居民在工作、学习之余，是怀着轻松愉快的心情自愿参加各种体育活动和娱乐活动，在充满欢悦的气氛中，达到增强体质、增进健康、愉悦身心、陶冶情操和享受人生乐趣的目的。此外，还有相当一部分人参加休闲体育的

〔1〕 罗林．休闲体育的认识深化及在我国的发展研究［D］．苏州：苏州大学，2005：14.

目的是调节心情、健身与健美、回归自然等。

从城市居民参与休闲体育的动机特征中可以看出，城市居民不仅对体育的健身功能有了较大的认可，而且对体育活动的调节心情、缓解压力等方面的功效有了新的认识，越来越多的居民认识到体育对人的“身和心”等方面的作用，认识到体育在健身、健心、健美等方面的价值。更重要的是，调查结果表明了：当前广州市中心城区居民参与体育活动的主要目的是以增强体质为主，而发达国家大众（主要指中青年人）进行体育活动的主要目的是把体育作为一种业余爱好，一种娱乐、享受，其次才是增强体质。“花钱买健康固然是一种进步，但健康的获得应该是在娱乐与享受的过程中得以实现，这才是体育的真正意义所在。”[1]

6. 广州市中心城区居民休闲体育活动的场地

（1）活动场所

根据调查数据可知，选择收费体育场所的人数居首位，一方面说明随着城市居民生活水平的不断提高和人均收入的持续增长，尤其是个人意识的觉醒和健康文明生活方式的确立，“花钱买健康”的观念已经形成，居民休闲体育消费观念日益增强；另一方面，在消费者的观念中，他们认为“顾客就是上帝”，在收费场所，往往有较好的环境和锻炼氛围，而且有专业的教练员进行辅导，并且一些活动场所的收费也不是特别高。例如羽毛球的收费标准为10～30元/小时；舞蹈室练舞为7～15元/小时，场所通常还会提供茶水、音乐等。公共体育场所的中选率为44%，位居第二，主要是因为公园、学校的体育场所对外开放，吸引了一大部分居民参与到休闲体育运动中来。选择住宅、小区空地锻炼的人

〔1〕 秦椿林. 当代中国群众体育管理［M］. 北京：人民体育出版社，2006：160－170.

数位居第三，中选率为31%。现代小区建筑内多设有配套的公共活动场所和设施，小区附近又多有公园、广场、绿地等，居民选择走出家门到室外场所进行健身、娱乐活动很方便。由此可见，发展公共体育设施、完善居民社区运动场所是增加体育人口的基本环节。

（2）场地设施

根据调查数据可知，50%的居民对场地设施的满意度是一般，27%的居民则持不太满意的态度，只有14%的居民持满意态度。原因如下：首先，体育场地设施较少，不能满足居民的需求。其次，公共体育场馆不对外开放。第五次全国体育场地普查结果显示，全国共有85万多个体育场地，属于大、中、小学等教育单位的占到总数的65.6%。其中，位于居民区周边或交通便利的市区的学校，向公众开放体育场地设施所占比例仅有29.2%。在访问调查中，有居民反映如果附近的体育场馆对外开放，会更加愿意参加到体育活动当中去。最后，场地设施布局不合理也在一定程度上影响了居民参与休闲体育的热情。为了满足中心城区居民休闲活动的需求，各级政府相关部门应加强体育场馆建设设施的投资力度，鼓励公共体育场所对外开放等。

7. 广州市中心城区居民参与休闲体育活动后的情感体验

“休闲体育既是身体活动，又是心理活动和社会活动，因此，休闲体育不仅有助于身体健康，而且对人的心理健康具有积极的影响作用。”[1] 从表2-7的调查结果来看，在身体感觉方面，62%的中心城区居民参加休闲体育活动后感到开心，24%的居民感到非常开心，13%的居民觉得一般；在消除疲劳方面，63%的居民认为参加休闲体育活动对消除疲劳有用，27%的居民认为非常有用，而9%的居民认为一般。

---

[1] 黎霞芳．江西省城市居民休闲体育开展现状及其发展对策研究［D］．南昌：江西师范大学，2006：24.

经卡方检验，在身体感觉和消除疲劳等积极方面与运动后不开心、不能消除疲劳等消极方面存在非常显著的差异（$P=0.001<0.01$），说明居民参加休闲体育活动对人体的身心健康具有非常重要的促进作用。

表 2－7 休闲体育活动后的身心体验 $N=594$

		人数	占比
身体感觉*	非常开心	142	24%
	开心	371	62%
	一般	78	13%
	不太开心	3	1%
	不开心	0	0%
消除疲劳*	非常有用	158	27%
	有用	373	63%
	一般	55	9%
	没有太大用	8	1%
	没用	0	0%

注：* 表示 $P<0.01$。

8. 广州市中心城区居民对参与休闲体育活动价值的认知

从表 2－8 的调查结果来看，对参加休闲体育活动重要性价值的认识方面，60.6% 的居民认为重要，28.3% 的居民认为非常重要；对参加休闲体育活动效果价值的认识方面，56.6% 的居民认为好，34.3% 的居民认为非常好。根据 Beard 和 Ragheb（1980）的研究，休闲时人们期望获得的体验至少包含以下几个层面：①心理上的：自由感、享受、参与、挑战。②教育性的：智力挑战及获取知识。③社交性的：与他人的良好关系。④放松：从压力及疲劳中解脱。⑤生理性的：健康、健美、体重控制。⑥审美性的：对优秀作品及自然景色的欣赏。[1] 罗林指出："体育的休闲参与价值主要表现在生理学价值、心理学价值、美学价值、娱乐价值、社会学价值五大方面。"[2] 说明居民对参加休闲体育活动的价值认识较高，这对休闲体育的发展具有重要的促进作用。

表 2-8 对参与休闲体育活动价值的认知程度 $N=594$

		人数	占比
重要性价值	非常重要	168	28.3%
	重要	360	60.6%
	一般	57	9.6%
	不太重要	9	1.5%
	不重要	0	0%
效果价值	非常好	204	34.3%
	好	336	56.6%
	一般	48	8.1%
	不太好	6	1%
	不好	0	0%

（四）广州市中心城区居民休闲体育消费行为特征

1. 广州市中心城区居民休闲体育消费水平

休闲体育消费是指："人们为了达到消除疲劳、心情畅爽、身心愉

〔1〕 Beard. J. C, Measuring Leisure Satisfaction [J]. Journal of Leisure Research, 1980 (12): 20-23.

〔2〕 罗林. 休闲体育的认识深化及在我国的发展研究 [D]. 苏州：苏州大学，2005: 26.

悦、欢欣鼓舞等休闲体育目的时的消费和支出。"[1] 就广州市中心城区居民的体育消费情况来看，体育消费每月在100元以内的占总人数的30.8%，101~300元的占总人数的26.8%，301~500元的占总人数的16.5%，500元以上的占总人数的10.1%。由此可见，目前广州市中心城区居民的整体体育消费水平较高。广州作为我国改革开放的前沿地区，当地城市居民有着较好的休闲体育消费的经济基础和休闲体育消费的环境，人们的休闲体育消费理念也在不断提升。

2. 广州市中心城区居民休闲体育消费途径

依据马斯洛（Abrhamah Maslwo）的需求层次理论，满足人们的低层次需求之后，生活需求必然向着高层次的生活需求转变。从广州市中心城区居民休闲体育消费的途径来看，44%的居民休闲体育消费用于购买运动产品，36%的居民休闲体育消费用于场馆收费，33%的居民休闲体育消费用于购买衣物，10%的居民休闲体育消费用于购买体育书刊。由此可见，在广州市中心城区居民休闲体育消费中，实物型（购买运动产品、衣物等）和劳务型（场馆收费）休闲体育消费所占比重较高；信息型（体育书刊）休闲体育消费所占比重较低。说明目前广州市中心城区居民的休闲体育消费结构还不太合理，实物型体育消费多，而非实物型体育消费较少，非实物型体育消费的挖掘潜力较大。

（五）影响居民参与休闲体育的主要因素

1. 影响广州市中心城区居民休闲体育参与因子的确定

（1）因子分析的可行性检验

影响广州市中心城区居民休闲体育参与的因子众多，不同的文章对

[1] 蒋科．上海城市居民参与休闲体育活动的现状分析及对策研究［D］．上海：上海体育学院，2013：28.

因子的提取和概括也不尽相同。阮雪冰在《广西城市居民休闲体育参与现状及其影响因素分析》中分析影响居民参与休闲体育活动的主要因素有：场地设施、闲暇时间、兴趣习惯、身心状况、经济条件、指导人员等。[1] 杨巍认为影响大连市居民休闲体育活动的主客观因素有："市民的休闲体育观念、市民的收入情况、体育设施和场馆条件、大众传媒的宣传与导向、市民的自我健康评价标准和体育消费观。"[2] 程其练等认为影响江西省城市居民参与休闲体育活动的主要因素有："城市居民自我健康的认识和重视、单位开展休闲体育的频率、城市居民自身的休闲体育观念、社会大众传媒的宣传与导向等。"[3]

综上所述，结合休闲体育在我国的发展现状、广州市中心城区休闲体育发展的实际情况和各位专家的意见，将影响居民参与休闲体育活动的主要因素整理为休闲体育市场不完善、休闲体育的资源配置不足、没有兴趣参与和没有专业的指导人员等21个因素。

根据KMO和巴特利特球度检验（Bartlett test sphericity）结果可知，KMO值为0.788，适合做因子分析。再看巴特利特球度检验结果，其相伴概率 $P=0.000<0.01$，否定了相关系数矩阵是一个单位阵的零假设，各个变量之间相关性显著，因此适合做因子分析（表2-9）。

---

〔1〕 阮雪冰．广西城市居民休闲体育参与现状及其影响因素分析［D］．桂林：广西师范大学，2009.

〔2〕 杨巍．大连市城市居民休闲体育行为和影响因素分析［D］．大连：辽宁师范大学，2008：21.

〔3〕 程其练，黎霞芳，应露晨，等．江西省城市居民休闲体育参与行为的影响因素分析[J]．江西师范大学学报，2007，31（6）：653.

表 2－9　KMO 和巴特利特球度检验

KMO 值	巴特利特球度检验		
0.788	卡方值	自由度 df	显著性水平 P
	1202.675	210	0.000

（2）因子的确定

根据广州市中心城区居民对休闲体育发展现状的调查问卷中影响休闲体育参与的因素的评价积分结果，采用因子分析法对 21 个变量进行统计学处理，抽取特征值大于 1 的 6 个主因子，这 6 个主因子对总体的贡献率达到 60.361%，其排名是根据贡献率的高低排列，第一个因子的贡献率是 13.612%，第二个因子的贡献率是 12.488%，第三个因子的贡献率是 11.935%，第四个因子的贡献率是 9.418%，第五个因子的贡献率是 6.959%，第六个因子的贡献率是 5.949%（表 2－10）。

表 2－10　方差被解释程度表 Rotation

主成分	特征值	方差贡献率	积累方差贡献率
F1	2.858	13.612	13.612
F2	2.623	12.488	26.100
F3	2.506	11.935	38.035
F4	1.978	9.418	47.454
F5	1.461	6.959	54.413
F6	1.249	5.949	60.361

为了对原始变量分类并进行综合评价，本书采用方差极大正交旋转法对各种因素载荷进行转化，得出因子的旋转成分矩阵（表 2－11）。

表 2 - 11　旋转后因子载荷矩阵

	成分					
	1	2	3	4	5	6
X1 - 国家的经济发展水平	0.601					
X2 - 体育的法规政策	0.842					
X3 - 对体育文化政策的重视程度	0.778					
X4 - 休闲体育的社会定位	0.704					
X5 - 休闲体育的市场体系	0.622					
X6 - 休闲体育的资源配置（如人力、物力、资金的投入）		0.573				
X7 - 所在单位或社区提供的健身器材和场所		0.767				
X8 - 所在单位或社区开展的休闲体育活动		0.791				
X10 - 公共体育场馆的开放程度		0.675				
X13 - 个人的时间			0.663			
X15 - 同伴的参与			0.610			
X16 - 场地设施的距离			0.715			
X18 - 工作压力和精神状态			0.677			
X9 - 了解休闲体育运动的渠道				0.584		
X12 - 自身的体育观念意识				0.699		
X14 - 个人兴趣参与程度				0.587		
X19 - 接触休闲体育运动的主动性				0.604		
X20 - 家庭关系因素（如陪伴小孩、家人）					0.761	
X21 - 不确定因素					0.843	
X11 - 有无专业人员的指导						0.602
X17 - 周围的环境情况（如绿道办的建设）						0.657

提取方法：主成分。

旋转法：具有 kaiser 标准化的正交旋转法。

旋转后，根据最大原则和性质相似原则找出因子载荷量较大的指标，将广州市中心城区居民参与休闲体育的影响因素进行了相应的归类，把21个原始变量归类到6个主因子中，选用每个因子轴上载荷量较大的若干变量的共同特征来给主因子命名，分别为：经济发展水平、硬件设施、个人因素、认知关注因素、家庭因素、环境因素（表2－12）。

表2－12 因子命名表

因子名称	因子内涵
经济发展水平	1. 国家的经济发展水平；2. 体育的法规政策；3. 对体育文化政策的重视程度；4. 休闲体育的社会定位；5. 休闲体育的市场体系
硬件设施	1. 休闲体育的资源配置；2. 所在单位或社区提供的健身器材和场所；3. 所在单位或社区开展的休闲体育活动；4. 公共体育场馆的开放程度
个人因素	1. 个人的时间；2. 同伴的参与；3. 场地设施的距离；4. 工作压力和精神状态
认知关注因素	1. 了解休闲体育运动的渠道；2. 自身的体育观念意识；3. 个人兴趣参与程度；4. 接触休闲体育运动的主动性
家庭因素	1. 家庭关系因素（如陪伴小孩、家人）；2. 不确定因素
环境因素	1. 有无专业人员的指导；2. 周围的环境情况（如绿道办的建设）

2. 广州市中心城区居民休闲体育参与影响因子的分析

（1）主因子F1：经济发展水平

第一个因子是经济发展水平，也是6个因子里面重要程度最高的一个，其贡献率达到13.612%，占据方差贡献率之首。它包含了X1—国家的经济发展水平、X2—体育的法规政策、X3—对体育文化政策的重视程度、X4—休闲体育的社会定位和X5—休闲体育的市场体系5个变量。

需要是推动人类发展的动力，而生存需要是人类的第一需要，只有当生存需要得到充分满足后，人们才会去谈论与提高生活质量有关的话题。作为提高人们生活质量手段的休闲体育，直接依赖着国民经济的发展。若人们还处于饥饿状态下，根本无从谈及生活质量的提高，当然更谈不上休闲与娱乐。所以说，国民经济越发展，人们的生活水平越高，个人可自由支配的收入和时间就越多，人们才有条件去参加休闲体育活动，休闲体育经济才能得到发展。因此，一个国家的经济越发达，社会越进步，体育的发展也越好。在一定程度上，国民经济发展水平与休闲体育消费水平成正比关系，国民经济发展水平越高的国家，休闲体育经济也越发达。[1]

经济发展水平的高低与体育政策制度的制定也有着紧密的联系，而体育的政策制度对休闲体育的发展起着十分重要的作用。体育的政策法规犹如一个指南针，对居民参与休闲体育运动具有很好的支持和导向作用。从某种程度上讲，政策是一种较为直接、规范人们行为和价值取向的规则，它在一定程度上会对休闲体育的发展产生实质性的影响。

余丽华在《经济发展对体育的影响》中指出："经济是体育发展的基础，主要表现在：经济状况决定体育发展的规模和水平、经济的发展决定体育的结构和手段、经济制度决定体育的社会性质三个方面。"[2]由此可见，经济的发展创造了休闲体育的物资条件，在很大程度上能够促进体育相关产业的发展、制度的改进和市场的完善等。

---

〔1〕卢锋．休闲体育学［M］．北京：人民体育出版社，2005：190－191.

〔2〕余丽华．经济发展对体育的影响［J］．北京体育大学学报，1997，20（3）：12.

（2）主因子F2：硬件设施

硬件设施因子的贡献率是12.488%，是影响广州市中心城区居民参与休闲体育的第二大因素，它包括X6—休闲体育的资源配置、X7—所在单位或社区提供的健身器材和场所、X8—所在单位或社区开展的休闲体育活动和X10—公共体育场馆的开放程度4个变量。

硬件设施是影响城市居民参与休闲体育活动的重要因素。近年来，随着广州社会经济的发展和全民健身计划的大力实施，尤其是2010年亚运会的成功举办，体育场馆设施的建设取得了明显的成效，居民生活水平的提高和对健康生活方式的追求，使得人们参与休闲体育活动的意愿也越来越强。而当前场地设施的建设跟不上人们参与休闲体育活动需求的增长，且许多健身场馆不对外开放，这在很大程度上影响了人们对休闲体育活动的参与，也不利于全民健身计划的进一步发展。

（3）主因子F3：个人因素

个人因子的贡献率是11.935%，是影响广州市中心城区居民参与休闲体育的第三大因素，它包括X13—个人的时间、X15—同伴的参与、X16—场地设施的距离、X18—工作压力和精神状态4个变量。其中，变量X16—场地设施的距离的载荷量最大，达到0.715。时间是参与休闲体育的前提条件，古人云："教子孙两行正业：曰耕曰读。"受我国传统思想的影响，人们不太重视体育，认为体育不是正业，属于闲人之举，闲时之事。因此，把体育锻炼时间安排在日常事务之外，在繁忙时节体育被置之度外，也就成为理所当然的事了，只有具备充足的闲暇时间，人们才会考虑是否去参加体育锻炼。人类的一切活动都是在自然环境中进行的，体育活动的开展也同样离不开一定的空间和运动场地，离开运动场地去谈体育活动就如同纸上谈兵。若场地离居民住处太远，不仅来回不便利，而且锻炼后多多少少会有一点疲劳，即使居民运动兴趣再浓，也都不太愿意去活动。所以说，为居民提供便利的运动场所是参与休闲体育的重要条件，它在一定程度上影响和制约着休闲体育的进行。

（4）主因子 F4：认知关注因素

认知关注因子的贡献率是 9.418%，是影响广州市中心城区居民参与休闲体育的第四大因素，它包括 X9—了解休闲体育运动的渠道、X12—自身的体育观念意识、X14—个人兴趣参与程度和 X19—接触休闲体育运动的主动性 4 个变量。

唯物主义认为，认识与实践是对立统一的，实践是认识的来源，是认识发展的根本动力和最终目的，认识也反作用于实践。

一方面，实践是认识的来源。X19—接触休闲体育运动的主动性的载荷量达到了 0.604，只有亲身参与到体育运动中去，才能感受到体育带来的快乐，才能感受到运动后身和心的放松、愉悦。有没有实践也直接影响着对休闲体育的认识。除了亲身参与到休闲体育运动中去，还可以参与有关部门组织的宣讲活动。

另一方面，认识反作用于实践。变量 X9—了解休闲体育运动的渠道，对主因子 F4 的影响最大。

（5）主因子 F5：家庭因素

家庭因子的贡献率是 6.959%，是影响广州市中心城区居民参与休闲体育的第五大因素，它包括 X20—家庭关系因素（如陪伴小孩、家人）和 X21—不确定因素 2 个变量。家庭是由婚姻、血缘或收养关系所组成的社会生活的基本单位。[1] 笔者通过调查发现，家庭收入情况对居民参与休闲体育活动的程度具有重要影响。收入水平较高的家庭在参与休闲体育活动方面更为活跃，参与形式也多种多样。另外，家庭生活习惯和氛围、家庭成员个人对参与休闲体育活动重要性的认识，以及进

〔1〕 潘允康．家庭社会学［M］．北京：中国审计出版社，2002：51.

行体育活动和锻炼的传统等，对家庭成员的参与情况也有重要影响。

（6）主因子 F6：环境因素

环境因子的贡献率是 5.949%，是影响广州市中心城区居民参与休闲体育的第六大因素，它包括 X11—有无专业人员的指导和 X17—周围的环境情况（如绿道办的建设）2 个变量。参加体育活动需要专人指导，尤其是一些复杂动作和高难度技术，如体育舞蹈、高尔夫、网球等运动项目，如果无人指导，学起来就会感到吃力、乏味，甚至会半途而废。如果有专业的人员进行指导的话，不但会快速掌握动作要领，而且还会明白每一个动作的功能和意义，真正体会到运动带来的乐趣，从而吸引更多的体育爱好者参与进来。

良好的休闲体育环境是人们进行休闲体育活动的前提和保证，高质量的休闲体育环境不但能够满足人们进行休闲体育活动的要求，还能够吸引更多的人群加入到休闲体育活动中来。具体来说，休闲体育活动的环境满意度应该包括以下方面：活动内容的精彩度、活动氛围、环境情况、设施场地、设备的安全等。在访谈中我们发现，广州市中心城区居民参与休闲体育活动的内容是比较丰富的，对于周边休闲体育氛围、休闲体育场地设施方面，广州市中心城区居民持一般的态度。目前，广州市中心城区居民对于休闲体育场地设施的满意度不是很高，说明目前提供的休闲体育环境还不能完全满足广州市中心城区居民参加休闲体育活动的需求，城市居民对休闲体育环境的需求还很大，需要进一步完善休闲体育活动的环境。

（六）大城市开展休闲体育的总体情况与建议

1. 大城市休闲体育总体情况

（1）居民的闲暇时间明显增多，休闲体育成为现代人健康生活方式的一部分

广州市中心城区居民的闲暇时间有了明显的增多，主要用于上网、体育活动、读书看报、看电视、逛街等活动。上网、读书看报等利用大众传媒的活动和休闲体育活动已成为居民的主体性休闲方式。随着社会经济和生活水平的提高、生活节奏的加快及精神文化生活需求的增高，人民群众对体育活动的需求也有了相应的变化，休闲体育作为一种积极的休闲生活方式，已成为现代人健康生活方式的一部分，有力地促进了人与人以及人与自然社会之间的和谐发展。

（2）居民对参与休闲体育活动后的情感体验持肯定态度，对休闲体育运动的价值认知程度较高

休闲体育作为一种健康的体育活动，对居民的生活有着积极的影响，在改善居民的身体、心理健康状况，提高居民的社会适应能力，缓解压力，提高工作效率等方面发挥着重大的作用。大部分居民对参与休闲体育运动的重要性和效果方面持肯定的态度，说明居民在物质、精神和社会等层面对休闲体育的内涵、功能都有正确、清晰的认知，认可休闲体育活动在生活和人生态度培养、休闲与社交方式扩展等方面的价值，有助于提高市民参与休闲体育的积极性。

（3）居民参与休闲体育活动的频率较高，参与形式以结伴为主，选择参与的项目呈现多元化，但结构不合理

广州市中心城区居民参与休闲体育活动的频率较高，参与的时间段以晚上为主，且参与的时间较充分，说明大部分居民有着很好的体育锻

炼习惯。居民参与休闲体育活动的形式以同学或同事、朋友之间为主；参与的动机主要有强身健体、缓解压力和娱乐消遣等。

广州市中心城区居民选择参与休闲体育活动的项目呈现多元化，参与的休闲体育运动项目丰富多彩，有一般性的休闲体育运动项目，如羽毛球、篮球、乒乓球、健美操、游泳、跑步等；有时尚性较强的休闲体育运动项目，如体育舞蹈、瑜伽、溜冰、高尔夫等；有户外型休闲体育运动项目，如爬山、攀岩、户外拓展等；有民族传统型休闲体育运动项目，如踢毽子、舞龙舞狮、划船、风筝等。从调查结果和访问过程中可知，青年人多选择运动量及强度相对较大、时尚性较强的运动项目，如球类、游泳、登山等；而中老年人或老年人多选择一些运动量及强度相对较小的运动项目，如散步、慢跑、棋牌等。但同时，居民选择参与休闲体育运动的项目结构依然不太合理。调查结果显示，居民参与乒乓球、羽毛球等小球运动的人数较多，但参与足球、篮球、排球等大型团体运动的人数较少，造成广州地区在一些大球等团体竞技运动项目的整体实力方面还难以在重大国际赛事中展现出成熟的水平和较高的水准。

（4）居民休闲体育消费的整体水平较高，但消费结构不太合理

在广州市中心城区居民休闲体育消费中，实物型休闲体育消费所占比例较高，信息型（体育书刊）休闲体育消费等非实物型体育消费所占比例较低。

（5）居民选择参与休闲体育活动的场所呈多样化，但体育设施不能满足居民的需求

广州市中心城区居民参与休闲体育运动的场所包括收费场所、公共体育场所、住宅小区的附属场地等，但现有的体育场地设施尚不能完全满足居民休闲体育的需求。蔡军在《对我国城市居民体育消费的研究》一文中指出：“51.11%的城市居民认为缺少场地是影响体育消费的主要

制约因素。”[1] 同时，本次调查显示，有一半的居民对现有的场馆设施持一般的态度，原因是场馆设施不对外开放，对外开放的体育场馆设施又太远，交通不便利等。

（6）影响广州市中心城区居民参与休闲体育活动的主要因素

影响广州市中心城区居民休闲体育参与度的主要因素有经济发展水平因素、硬件设施因素、个人因素、认知关注因素、家庭因素和环境因素等。

2. 提升大城市休闲体育开展水平的建议

（1）加强媒体的宣传，引导居民认识休闲体育的多方面作用

在整个社会系统中，体育不是孤立存在的，它必须依靠媒体的宣传和推广。大众媒体具有宣传与推广的功能，能提高广大人民群众的健身意识，倡导健康、科学、文明的生活方式。通过媒体的大力推广，可以让广州市中心城区居民对休闲体育价值的认识达到一个更高的层次。肖焕禹认为：“通过媒体的传播，将人们潜在的能量引向有益于身心的休闲娱乐的状态，使人们的情感得以宣泄，心灵得到净化，内心世界更加丰富。同时，还能引导人们积极参加各类休闲娱乐型的体育活动，通过体育运动将人们从压力中解放出来，减轻身心的紧张和压抑，使人们能够最大限度地去体验运动带给他们的乐趣，产生幸福的满足感。”[2]

因此，各级政府和相关部门应该加大休闲体育价值的宣传力度，让更多的人了解休闲体育的价值并积极参与进来，逐步形成科学的休闲健身观念。

---

〔1〕 蔡军．对我国城市居民体育消费的研究［J］．体育科学，1999，19（4）：57－60.

〔2〕 肖焕禹．体育传播学［M］．北京：人民体育出版社，2011：243.

（2）大力开发中心城区体育消费市场，满足城市居民健身需求

在体育基础设施建设方面，政府部门要合理布局，科学引导各类市场主体积极参与到休闲体育的相关产业经营中，形成休闲体育服务市场的良性竞争机制，让广大居民在这种良性竞争的环境中受益。同时，要加强体育场馆设施的经营管理，充分发挥体育场馆的多功能作用；鼓励学校和单位的设施、设备向居民开放；鼓励单位多组织和开展休闲体育活动，以满足城市居民的健身需求等。

（3）加强休闲体育的理论知识研究及休闲体育指导和管理人才的培养

通过调查研究发现，广州市中心城区居民对休闲体育的需求是极为旺盛的，但是有关广州市休闲体育理论方面的研究较少。因此，必须从多个角度对广州市中心城区休闲体育发展的问题进行探讨、研究，加强休闲体育经营管理的研究，完善休闲体育产业，加快休闲体育教育的发展，开设休闲体育教育专业，培养一批专业的休闲体育理论研究、指导和管理人才，以适应社会对休闲体育发展的需要。

（4）坚持休闲体育运动的多元化、趣味化和娱乐化

首先，中心城区休闲健身活动中心的建设要强调与社区及城市人文景观的相互融合；其次，为提高设施的利用率，要强调休闲体育活动中心的多用途特征，比如：室内球场除开展各种球类比赛以外，还可以举办会展及其他文体活动，同时，还要照顾到老年人、成年人、儿童等各年龄群体的体育需求和爱好。

（5）提高公共服务质量，改善大城市居民休闲体育软硬件条件

虽然从总体而言，我国大城市体育场地设施建设取得了跨越式发展，但仍存在着一些问题和困难：人均公共体育设施数量和质量仍处于较低水平；体育场地设施建设所覆盖范围不够广泛，布局不够合理。为保障广州全体市民充分享有休闲体育的权利，首先，政府部门应该因地

制宜，逐步完善公共休闲体育设施与服务建设，修建一些必要的健身设施，并发挥政府管理部门的职能作用，利用社会力量，吸纳各方资金，参与体育投资和经营，带动相关产业的发展；其次，应加大基础设施建设力度，提高服务水平和质量，以满足市民日益增长的休闲体育需要；最后，各城区的建设应把开展休闲体育作为必备的内容，凡新建住宅小区必须配备相应的体育场地，凡拥有体育设施的机关、企事业单位和学校，要充分发挥现有体育场馆的作用，为居民参与休闲体育提供方便。

二、我国小城镇体育发展现状及对策研究

小城镇体育是我国体育事业的重要组成部分，也是我国精神文明建设的重要内容。由于小城镇是城市和农村的过渡体和连接体，小城镇体育发展的好坏，在很大程度上决定了我国体育事业整体发展水平的高低，也在很大程度上决定着我国由“体育大国”向“体育强国”迈进的步伐。加强小城镇体育研究，探索新形势下适应小城镇社会变革的体育发展道路，既是提升体育自身整体发展水平的需要，也是发挥体育在构建和谐社会过程中的作用的需要。本节以重庆市小城镇体育发展情况为例，探索我国小城镇休闲体育发展的现状和对策。

（一）重庆市小城镇体育发展现状调查及结果分析

1. 体育基础设施现状调查及结果分析

（1）体育基础设施现状

篮球场、足球场、田径场、排球场等体育场馆是小城镇的主要体育设施。通过调查发现，小城镇的体育设施大部分集中在中小学校，还有少部分体育设施集中在企、事业单位。小城镇社会公共体育设施极度缺乏，满足不了居民开展体育活动的需求。随着经济的发展，居民对体育

的需求不断增加，这就要求体育场馆设施的建设在数量和质量上都要进一步提高。调查显示，小城镇公共体育设施是居民锻炼的首选。小城镇上的一些企事业单位为了方便本单位职工锻炼身体，自己建设了一系列体育场地设施，由于这些场地设施基本上属于公益性的，对外开放程度比较高，员工在此锻炼不需要花钱，因此是居民的选择之一。其次是小城镇公园、人民广场和住宅区空地。为配合全民健身运动的开展，部分小城镇政府在镇中心修建了休闲广场，在居民聚集地修建了多处健身路径，为居民提供了休闲锻炼的去处。但场地设施的普遍缺乏仍使得居民不得不选择在住宅区空地和家里进行锻炼。

调查结果显示，小城镇内的公共体育设施只进入到了7%的居民视野。由于体育健身设施更多带有休闲性质，而学校内部的体育设施在对外使用中需要与学校管理者协调，使得居民在体育健身活动中仍面临体育设施缺乏的问题。调查结果表明，超过67%的居民认为体育设施没有满足需要，几乎没有居民认为当前的基础设施完全满足锻炼要求。[1]因此，无论从目前体育设施的组成还是从总量上来分析，小城镇的体育基础设施的不足仍是阻碍体育发展和居民参与度的一个非常重要的方面。

（2）结果分析

调查结果表明，目前小城镇的体育基础设施并没有满足居民们体育锻炼的需要，这在一定程度上限制了当地体育活动的发展。比如，由于体育基础设施缺乏，55.3%的居民不想参与体育锻炼，体育场所的拥挤或者离居民居住地太远，也导致很多居民不愿意进行体育锻炼。

〔1〕本小节的相关数据均引自：唐炎．重庆市小城镇体育发展现状及对策研究［D］．重庆：西南大学，2011.

首先，居民区的体育基础设施在设计时主要是为中老年人和小朋友服务，因此趣味性比较低，与青年人喜欢挑战性的运动需求不相符合。其次，青少年感兴趣的体育活动大多数为篮球、排球、足球等集体合作性的体育运动，这对体育基础设施的配备和建设提出了一定的要求。目前小城镇的学校中都有一些简易的操场、篮排球场，这在一定程度上能够符合青少年的需要。再次，小城镇学校的简易设施是不收费的，符合当前居民对免费体育的消费心理习惯，因此在正确处理好同学校管理者之间的关系后，居民可以方便地使用这些设施。但是，居民对体育锻炼的意识还普遍不够。在小城镇也不乏由个人或集体投资兴建的游泳场、游乐场。23.4%的居民认为自己缺乏体育锻炼的意识和投入，这也从另一个侧面反映了重庆小城镇的特点：居民已经认识到民营资本在建设体育基础设施中发挥的作用，只是目前的投入严重不足，需要政府的进一步督促和宣传。

2. 居民参与健身现状调查

（1）居民健身意识

人们通过身体锻炼，追求健康、美好、幸福的生活，以实现精神愉悦的目的，这是体育的真正价值、功能与作用的体现，这种体现是建立在居民对体育锻炼的正确认知基础上的。而体育锻炼认知是居民对体育的性质、功能和作用的认识以及对体育的态度。由于人们所处的政治、经济和文化等社会背景的不同，对体育的理解、判断各不相同。而健身认知的不同又往往会导致人们对体育需求的不同。由调查可以看出，仅55%的居民认为体育锻炼对健康很重要。

对于小城镇的体育开展状况，由调查报告可以看出，有31%的居民选择了强身健体，这表明人们对体育锻炼强身健体的本质功能的认识依然占据主导地位；有11.2%的居民认为，体育锻炼可以调节情绪，缓解工作和学习压力，达到娱乐身心、放松心情的作用；有 8.3% 的居民认为，体育锻炼可以促进人际交往；有 4.4% 的居民认为，体育锻炼能起到适应社会的作用；有 3.1% 的居民认为，体育锻炼能提高智力；还有 1.3% 的居民认为，在欣赏体育活动中观察力与美的较量，可以提高个人的审美能力。可以看到，人们对体育功能的认识正在从本质功能向社会功能转变。未来的社会将是一个高度自动化、高效率的竞争型社会，表现为直接参与劳动的人数大量减少、劳动强度大大降低、工作分散化和细致化、闲暇娱乐时间不断增多。生产方式的转变，需要体力劳动处理的环节大大减少，人类的体力不再是生产力提高的因素，必将导致居民对体育需求方式的彻底变革。社会对体育提出了比“增强体质”更高的要求，人们健康水平、幸福的生活将和体育更加紧密地联系起来。它不只是一种强身健体的教育方式，也是一种通过扩大消费需求来促进经济增长的生产方式，甚至还是一种给人们以极大快乐和精神享受的艺术形式。11.2% 的居民把体育活动误认为是单纯的肢体活动，这样就把体力劳动当成体育锻炼。从不参与体育锻炼的居民对体育锻炼价值的认知情况来看，80.6% 的居民认为，生产劳动等于或胜过体育锻炼，所以他们也就不愿意参与体育锻炼。但是从体育理论上来说，体育与劳动是两种不同的形体方式，它们是不能相提并论的。两者虽然都有肢体活动，但活动的目的、任务、部位和环境等都具有明显的区别。从目的上来看，体育锻炼是以提高健康、增强体质为目的，而体力劳动是以完成一定的工作任务为目的。从任务上来看，体育锻炼是有目的、有计划的，身体活动的量与强度以及身体的主要活动部位都是预先安排好的，而劳动的任务就是要获取价值和使用价值。

我国人民长期以来对农村的感情比较深厚，特别是与农村有着深厚渊源的小城镇居民，他们追求宁静淡泊、不尚名利的生活，甚至不愿脱离田地耕作的生活方式，对体育锻炼缺少必要的热情和投入，对体育运动获得的精神享受也缺少切身体验。培养小城镇居民对健身、休闲、健美、娱乐等体育功能的渴求和欲望，是激励人们参与体育锻炼活动的初始动因。由于不同年龄的人群具有不同的生理状况、生活条件、物质条件及环境条件，因此，人们对体育的需求也各有不同。追求体育活动的强身健体功能，反映了人们对体育本质功能的认识，是人们参与体育活动的原动力，也是区别体育活动与其他社会活动的主要标志之一。

调查结果显示，居民参与体育锻炼的活动内容排在前五位的依次是：登山占23.7%，郊游、野营、垂钓占3.2%，跑步、散步占2.4%，棋牌等占12.2%，舞蹈占37.9%。而对消费能力有一定要求的健身器械活动占3.5%，排在后面。从调查中可以看出，简单易行、对场地要求不高、消费性支出少的运动项目成为居民的首选。

调查结果显示，有45%的居民对健身相关的知识还不了解，了解健身知识的只占20%，远远低于沿海发达小城镇。随着社会竞争的日益加剧和工作压力的增大，体育锻炼作为一种积极的休闲放松方式，已经逐渐进入寻常百姓家。人们通过参与体育活动来调节情绪、缓解压力，以适应社会，达到休闲娱乐、幸福人生的目的。拥有健康而优美的体形是每个城镇居民，尤其是年轻人的美好愿望。但是随着城镇居民物质生活水平的提高，由于营养过剩、缺乏运动而造成的肥胖症、高血脂、高血压及体型比例失调等这些在大城市中所谓的“富贵病”已逐渐在小城镇中出现，并开始呈现出爆发的趋势，人们想通过体育锻炼来达到减肥塑身的目的。

经调查，小城镇居民健身的首要需求是修建配套体育场地设施。虽然时下小城镇居民生活水平日益提高、健康意识不断增强，但居民还不愿“花钱买健康”，仍将公共活动场所列为自己健身的主要去处。小城镇居民参加锻炼的形式以与朋友、同事一起锻炼为主，其次是个人锻炼和与家人一起锻炼。这表明，居民已经把体育活动作为一种加强个人同他人、社会之间联系的手段，希望通过体育活动建立起人与人之间的联系与协作。到体育辅导站、俱乐部锻炼的居民则比较少，主要原因是这些场所要收取一定的费用，并且活动时间相对固定。

调查结果显示，有32%的小城镇居民每周参加过一次左右的体育锻炼，有55%的居民偶尔参加或不参加体育锻炼。这与2000年调查时的全国平均水平“我国16岁以上城乡居民有35.0%的人参加过一次或一次以上体育活动”，仍然具有较大的差距。其中，中年居民参与体育锻炼的比例较小，而青年居民和老年居民参与体育锻炼的比例较大，呈现中间小、两头大的分布特征。就整体而言，我国中年人参与体育锻炼的比例逐渐上升，正在缩小与青年人、老年人参与体育锻炼的比例的差距。而重庆小城镇中年人参与体育锻炼的比例却没有明显的上升，表明“上有老、下有小”的中年居民还没有从繁重的工作劳动中解脱出来，长时间的生产劳作、巨大的生活压力成为阻碍他们参与体育锻炼的主要原因。

调查结果显示，有55%的居民平时到免费的公共体育场所进行体育锻炼，其次是公园和广场，而只有3%的居民愿意到收费的体育场馆锻炼。重庆是个多山的地区，每个小城镇的周围都有一些小山，居民在闲暇时间可以登山，跑步也不受场地的影响。其次是居民均可参与的篮球运动和游泳运动，前者所需场地在大部分学校中都有，开展较为方便；而重庆夏季干燥酷热，游泳也是人们的重要避暑方式。值得注意的是，有高达12.2%的居民选择麻将、棋牌。麻将和棋牌能否算是体育项目一直存在争议。虽然桥牌比赛成为体育项目，但供消遣的棋牌、麻将只能算是休闲活动。居民选择麻将和棋牌的很大原因是，这两项活动所需的空间最小、参与人员的互动性强、不受白天黑夜的限制等，体现了重庆特色。

（2）居民健身活动安排

居民参与健身活动的形式主要有：家人自发组织。与朋友、邻居一起，参与健身俱乐部活动，社区单位组织，平时分散健身，节假日一起健身等。统计结果表明，重庆小城镇健身的组织形式很大程度上仍以自己为主，同时伴有自发的、松散的临时志趣群体组合，成员的流动性较大，这一现象充分显示了健身活动的最大特点：活动地点和时间不自由，这是因为每个人的闲暇时间不一样。

从调查健身活动的频率中发现，32%的居民每周参与1次运动，12%的居民每周参与2次运动，只有1%的居民每周参与3次或3次以上运动。同时，有高达55%的居民根本不参加体育活动。

从体育锻炼学的角度看，每周参与2～3次运动才是有效并能达到身体锻炼目的的，而在重庆地区，人们把大多数的时间投入到市场经济的建设当中，无形中忽视了对体育的投入。对于每次锻炼持续的时间，参与体育运动的居民中有59.1%每次的运动时间少于10分钟，33%的居民选择10～30分钟的运动时间，0.9%的居民的运动时间超过1个小时。一般而言，健身运动时间在30～60分钟是比较合理的，但大多数人参与锻炼的时间少于30分钟，未能充分达到健身的目的。缺少时间、缺少运动氛围和缺乏体育设施，是居民不参与体育锻炼的主要原因。重庆的经济发展速度较快，大部分小城镇都有经济支柱产业，每家每户在经济活动中投入了过多的时间与精力，因此在体育锻炼的时间上投入不够。

总体而言，居民参与锻炼的时间一般是工作的空闲时间和周末。同时我们调查的对象受小孩影响比较大，暑假是孩子们运动的好时期——家长参与运动的也较多。居民更喜欢在夏季进行体育锻炼，比例高达52.5%；而在冬天则比例最小，只有5.3%的居民会选择在这个季节进行锻炼。上述调查结果也跟人们的活动习惯相一致。在夏天，由于天气炎热，在凉爽的傍晚甚至夜间参与体育锻炼，有助于身体排汗，而衣着少则意味着在更衣、洗涤等方面更便捷。为此，人们多会选择在这个季节进行较多的体育锻炼活动。而冬季由于天气湿冷，人体惰性增加，人们不愿意动，故参与体育锻炼的人数明显减少。

（3）结果分析

在调查中发现，体育锻炼的意识是居民是否愿意参加健身的主观动力，如果居民没有认识到体育锻炼的重要性的话，很难切实投入到体育锻炼当中去。调查结果表明，33%的小城镇居民能够认识到体育锻炼的重要性。但这只局限于一种朦胧、肤浅的认识，居民对体育锻炼的效果和方法并没有足够的了解。同时，由于认识和理解的差异，有些认为体育锻炼重要的居民却认为自己不需要进行健身，这些居民自认为身体的健康状况良好，不需要通过实际的体育锻炼来提升；也有一部分居民则是在体育活动和经济活动之间把更多的时间投入到后者当中，认为经济活动更为重要。从长远来看，只有建立健全合理的体育锻炼意识，才能保证体育活动的参与度。调查结果表明，人们一方面已有初步的体育锻炼认识，另一方面却是并未真正实践。

3. 小城镇体育组织管理现状

（1）调查结果

对镇干部的访谈调查结果显示，在对当地开展体育工作现状的满意程度方面，有36.7%的镇干部对当地居民体育工作的现状表示满意，另外有53.3%的镇干部表示不满意。居委会干部只有44.1%表示满意，而54.9%表示不满意。镇干部对上级为居民提供体育服务现状的满意程度方面，有52.9%的镇干部表示一般化，有38.5%的镇干部表示不满意。镇干部认为，小城镇开展体育活动的主要障碍排在前三位的分别是缺少资金、缺少场地器材、组织机构不健全。调查结果表明，小城镇居民在接受体育指导的方式上，更愿意接受无偿的、实质性的指导。这与当地居民的文化程度不高、接受和领悟理论知识的能力比较差等原因有关。同时，也说明仅仅依靠书面知识来增强居民健身锻炼意识的措施成效不大，需要多管齐下。缺少资金、缺少场地器材、组织机构不健全成为阻碍小城镇体育工作人员开展体育工作的主要困难，这对政府增加体育经费的投入、加强组织机构建设、提高体育工作人员的技能水平提出了严峻的挑战。调查结果显示，有63%的居民认为小城镇需要体育指导员的指导，有12%的居民认为无此必要。

在被调查的小城镇中，没有体育领导机构、没有干部分管体育及没有体育组织的分别占80.8%、76.3%和94.7%，个别小城镇这几项"没有"的比例甚至超过95%。在调查的小城镇体育活动点中，平均每个活动点有组织人员1.3人。其中，具有社会体育指导员资格的极少，占组织指导人员总数的3.1%，平均每个体育活动点只有社会体育指导员0.12人，与2000年调查时的"平均每个活动点有2.3个社会体育指导员"相比，重庆小城镇的社会体育指导员的资源配置情况不容乐观。调查结果显示，近两年，62.6%的小城镇没有投入体育经费、添置体育设施和组织开展体育活动。在有体育经费使用的小城镇，其经费来源渠道也是以财政支出为主，位列第一位，辅之以居民的层层摊派。社会团体、企事业单位、个人虽也有一定的捐赠和赞助，但比例不高，而县财政拨给乡镇的体育经费在经费来源的因素中所占比例更小。

（2）结果分析

上述研究结果表明，重庆地区的体育组织管理机构还不够完善，特别是居民体育组织管理机构还很不健全。小城镇文体站（体育指导中心）、体质测试站（点）和体育指导室、健身点的数量明显不足，资源的分布不合理；体育健身活动点的社会体育指导员配备情况不容乐观，相对于全国平均水平还有比较大的差距，长期缺乏专业的社会体育指导员；组织管理经费的来源比较单一，仅仅依靠财政支出远远不能满足修建体育场地设施、配置体育器材和开展体育活动的需求。

4. **居民体育消费现状**

（1）居民收入情况

重庆地区地处西部，过去属于我国的“老、少、边、穷”地区，经济条件较差，起点低、家底薄，也是我国的扶贫重点地区。虽然从改革开放，特别是从 1997 年被划为直辖市享受国家一系列优惠政策以来，重庆地区的经济得到飞速的发展，但整体上与其他发达地区相比，还是有很大的差距。主要表现为：一方面，脱贫步伐慢，制约了经济发展。城乡部分居民生活还比较困难，城乡差距和贫富悬殊比较大，高收入与低收入差距小的有几倍，大的有几十倍，甚至上百倍。另一方面，经济总量小，形成发展的低起点。

调查结果表明，重庆小城镇居民的普遍月收入在 1000 ~ 3000 元，达到这一收入的人数比例为 77%；只有 3% 的居民月收入在 5000 元以上。另外，调查结果也同调查对象相关，我们的受调查者基本都是事业和企业单位职员，普遍的收入区域比较相似。而 8% 的居民月收入在 1000 元以下，说明小城镇居民很大一部分还是没有一技之长，赖以生存的是给别人打零散工。还有 12% 的居民月收入在 3000 ~ 5000 元，是一些小企业主或在单位已经担任一定职位的人员。总体而言，当前重庆小城镇居民月平均工资在 2000 元左右。

（2）居民体育消费现状

体育消费是指对体育活动的经费支出，适度的体育消费是体育活动得以正常进行的基本前提，同时体育消费水平也是反映体育发展程度的一个重要指标。调查结果显示，2017 年，重庆地区参与体育锻炼的居民中没有体育消费的占总人数的 67. 7%，有体育消费的占总人数的

32.3%。体育消费的金额普遍较低，每年体育消费额在300元以下的占有体育消费人群的70%，消费在500元以上的仅占有体育消费人群的9%。

从体育消费的支出项目情况来看：购买运动服装、鞋帽占57%，购买体育报刊占2%，购买体育器材占9%，支付体育培训、辅导报酬占7%。由此可见，小城镇居民的体育消费集中在实物消费领域，购买运动服装、鞋帽及体育报刊占体育消费总数的大部分，而属于精神消费范畴的支付体育培训、辅导报酬及观看现场体育比赛的消费却很少。这也从侧面反映了重庆小城镇居民的生活还不是很富裕，居民的消费还是以实物型消费为主，如要上升到精神消费领域还需要很长时间。可见，居民体育消费意识的提高，必须建立在经济发达、生活富裕的基础上。小城镇由于脱贫步伐慢，制约了经济的迅速发展。对为数不多参与体育锻炼居民的调查结果显示，居民能承受的参与有偿体育消费的次数集中在每月1~2次、每季度1~2次和每年5次以下，每周1~2次也有部分群众能承受，而每周1次以上的有偿体育消费，小城镇居民大多承受不了。小城镇居民每次能承受的有偿体育消费金额，多数集中在2元及以下，而3~5元的消费金额也有部分居民选择，8元以上的价格能承受的居民已经寥寥无几。从居民能承受的参与有偿体育锻炼的次数和金额来看，在重庆小城镇发展有偿场馆经营，以体育产业带动体育发展的策略，与当地的经济发展水平和居民的体育消费意愿仍存在很大的差距。

居民的体育消费支出低，除了与经济收入的因素有关外，跟小城镇居民缺乏体育锻炼意识也有密切的关系，体育活动场所缺乏且单一也是其中一个原因。缺乏运动场所，没有健身气氛，居民参与体育锻炼的机会少，体育消费的相应支出就少。同时，居民对消费型体育活动的参与仍然较少，例如居民更多选择乒乓球、羽毛球等花费较少的活动，而篮球、排球等活动也可借用免费的体育场地开展，对体育支出的影响较小。

调查结果显示，除21%的居民一整年没有体育消费外，普通居民的体育消费去向主要是运动器材和体育服装，两者在受调查者的消费意向中分别占到了9%和57%。同大城市体育消费中门票占据很大比例的情况不同，重庆小城镇居民体育消费只有很小的比例投入到门票上。

（3）结果分析

上述研究结果表明，小城镇参与体育锻炼人群中每年体育消费金额大多在300元以下，且集中在购买运动服装、鞋帽等实物性消费上。而属于精神消费层面的支付体育培训、辅导报酬及观看现场体育比赛等，由于经济收入水平比较低下的原因，很少有人选择。在有偿健身场馆进行体育消费，小城镇居民由于受经济收入和消费意愿的影响，能够承受的寥寥无几。这同时说明，在小城镇发展有偿场馆经营，以体育产业带动体育发展的策略，实施起来仍不太现实。

另外，高达40%的居民在体育消费方面的支出额度占不到全年收入的1%，表明当前重庆小城镇居民的体育消费还处于初级阶段，从以下方面可分析这种局面形成的原因。第一，居民消费意识还未形成。第二，体育消费市场还不完善。在本次调查活动中，经济较好的小城镇已经兴建了一些比较好的体育场馆，这些体育场馆的社会化经营和管理也在初步完善当中；而在经济相对落后的小城镇中，一方面没有足够的消费空间，另一方面存在管理不到位的现象，从一定程度上局限了居民体育消费的内容。第三，体育消费结构尚不完整。重庆小城镇居民的收入在全国居于中等位置，相对于大城市的成熟化消费结构，重庆小城镇的消费结构仍存在很大的改善和提高空间。

（二）对小城镇休闲体育发展的建议

经过对现状的调查、了解和分析，我们发现重庆小城镇的体育发展既面临我国普遍存在的一系列问题，比如硬件设施投入不足、居民健身意识有待完善、组织管理不到位等劣势，也存在着一些发展的机遇，如市场经济较发达、地域特点突出、民俗活动丰富等优势。为此，本部分重点以重庆小城镇休闲体育发展过程中应该注意的环节为突破口，探讨我国小城镇休闲体育的发展路径。

1. 依托政府，依靠政府的体制和经费做保障，确立小城镇体育发展的战略目标、政策和制度体系

在经费保障方面，政府应当采取有效的政策和措施，引导社会大众的投资方向，通过各种媒介向社会提供信息和投资指导，为社会投资小城镇体育的场地设施项目提供适当的服务，并给予一定的优惠和扶持政策，使社会投资与政府投资目标一致，形成合力，增加小城镇体育场地设施的吸引力和筹资能力。

在体制保障方面，政府体育行政部门的各级群众体育管理机构，在不同层次的群众体育管理中担负着直接的管理职能，居于管理主体的地位，保持着较大的集权性。在区、县一级体育行政部门垂直领导下的街道办，镇一级的体育行政管理机构，通过街道、社区体协，辖区企事业单位的工会、居委会文体活动站点和居民小区的群众体育组织等，具体实施对基层群众体育工作的管理与指导。调查结果显示，有49%的居民支持政府设立宣传专栏，有37%的居民支持利用媒体进行宣传。

政府要充分行使自己的执政管理职能，为小城镇体育的持续、健康发展提供多方支持，注重发挥新闻媒介、电视网络和互联网的巨大潜力，鼓励他们进行体育锻炼宣传，并制作一些将当地民间特色与现代健

身运动相结合的节目。建立多元投资机制，调动全社会的力量来兴办体育产业，广泛吸引乡镇企业、个人等以多种方式参与小城镇体育基础设施的投资、建设和经营，并给予政策优惠。

2. 保证硬件，采用多种途径改善小城镇体育健身设施、设备和场所

在我国有一句“要致富，先修路”的口号，它反映了硬件设施是开展活动的基础。健康、可持续的体育活动开展同样对硬件提出了较高的要求。从本次调查中可发现，无论是体育活动管理者还是普通居民都认为体育设施的不足是阻碍体育发展的主要原因之一，这就要求重庆市的小城镇管理者积极行动起来，从政府投入和民营资本投入两个方面进行有效的体育活动基础设施建设。

各地有关部门一方面要有计划地加大对包括现代化体育和健身设备在内的小城镇公共设施的建设，并使之产生“锁链效应”，即通常所说的“以体养体”“以馆养馆”等可持续措施，使公共服务设施产生连带经济效益。在提高服务质量的前提下，不仅可以维持其日常开支，而且可以有盈余用以扩大投资和扩大再生产。除政府投资外，应当广泛吸纳社会资金，构建包括多种类型的民办、民营、民有的全民健身设施。积极发动企业、社会团体、个人建设体育设施，为社会公益事业做贡献。另一方面要采用多种途径开发更多户外运动资源，开放一些单位、学校的体育设施以改善小城镇居民的健身“硬件”。例如，西方很多国家的学校体育场馆是作为社区的一部分来建设的，是一种自然的开放，这一点值得我们借鉴。近年来国家出台了相关的政策来管理学校体育资源，促使公休日学校体育资源免费向社会开放，并且已经在落实当中，这样能使学校体育资源得到合理利用，使其在全民健身运动中发挥更大的作用。

3. 优化软件建设，完善小城镇体育文化建设，建立以小城镇体育组织、社会团体为主体的群众健身指导和服务体系

（1）建立和完善广泛的小城镇体育参与机制

开展小城镇体育主要是为了提高小城镇居民的体育意识、体育能力和身心健康水平，因此小城镇体育必须以居民的广泛参与为基本出发点。建立和完善广泛的居民体育参与机制是小城镇体育健康、持续发展的重要保证。小城镇体育的广泛参与包含两层含义：一层含义是指小城镇体育工作参与主体的广泛性，小城镇体育工作参与主体不仅包括居民、体育骨干，而且包括小城镇事业单位、机关、学校、团体和中介组织等；另一层含义是指小城镇体育活动参与主体的广泛性，即全体居民的广泛参与度。由此，应重视从这两个层面来解决小城镇体育参与问题，提高小城镇体育的参与度。现阶段，小城镇体育必须发动全社会、全体人员等各相关方面积极参与，借助全社会之力推动小城镇体育的最大发展；充分发挥企事业单位参与的积极性，整合辖区单位已有的体育物质资源和人力资源，最大限度发挥这些有生资源的作用，满足小城镇体育活动、体育教育、体育培训等多元化需求，提高居民参与体育活动的积极性，切实提高体育人口的数量。

（2）建立和完善小城镇体育服务体系

小城镇体育服务体系应该采取政府主导、服务主体多元化的管理模式，努力建立好政府与非政府组织的合作伙伴关系。公共部门、营利组织、非营利组织、居民共同参与，形成政府、社会、个人责任与义务相协调的服务机制。制定合理、科学的法规来规范社团的管理与发展，促进体育社团等组织实体化，激发社会体育组织活力，为小城镇体育的发展做出贡献。

保证全体居民享有基本体育公共服务的机会平等与权利平等。建立健身活动意外伤害保障机制，加强对体育保险的技术与法规研究，早日为居民提供体育保险服务，保障居民享受更为安全、可靠的体育服务。

（3）丰富体育活动内容，发展具有地方特色的体育活动，满足小城镇居民多元化需求

认真总结小城镇体育服务体系的发展经验，选择有代表性、参与性强、易操作、老少皆宜、居民喜闻乐见的活动形式，向居民宣传和推广。向居民宣扬积极向上、健康文明、幸福快乐的生活方式，让居民踊跃、积极地参与到体育锻炼中来，使体育活动成为居民生活中的一部分。提倡科学健身方式，加强体育健身方面的学习和指导，成立健身指导中心，开展体质监测、健身咨询以及运动处方等方面的服务，促进小城镇体育活动的科学化。扩大服务的对象和种类，满足居民多元化的体育健身需求。应关注中青年人群的体育锻炼问题，由于他们工作时间长、任务重、压力大，健康问题比较突出，做好他们的体育服务工作尤为必要，可以通过宣传动员的方式吸收他们加入到体育锻炼的队伍中去。

再以重庆为例探索我国小城镇因地制宜开展休闲体育的方法。

从地域分布上看，重庆处于我国南方，有许多不同于北方地区的体育活动，龙舟比赛即是重庆一个重要的体育活动，具有非常广泛的群众基础。每年这样的比赛都会持续一段时间，主要的设施需求是龙舟和河道。对于前者，每个地区都拥有，而河道更是随处可见，因此集成和发展这类具有重庆特色的体育活动简便易行。鉴于棋牌类、坝坝舞、舞龙等项目的水平在全国比较领先的特点，也可通过学校、俱乐部、社团等机构组织此类竞技活动，既避免对硬件的过多要求，也可以保持重庆的优势项目。

从地形分布上看，重庆是一个多山多水的地方，可以开展许多简单易行的体育活动，登山即是其中的代表。调查结果也表明，登山既是人们生活、工作的需要，也是地貌特征对人类活动的要求。为此，通过组织类似的体育活动，既可强身健体，也可浏览美好风光，一举两得。

从气候特点上看，重庆夏季干燥酷热，也可开展同避暑相结合的体育活动，同时达到健身的效果。例如：游泳是重庆居民在夏季十分喜爱的活动，也是适应当地气候特点的选择，一个游泳馆能够容纳相当多的人同时进行体育活动。为此，可结合市场经济的发展和重庆当地的情况，鼓励在这方面进行基础设施和管理投入，有效开展这类健身活动。

民俗，即民间风俗，指一个国家或民族中广大民众所创造、享用和传承的生活文化。[1] 它起源于人类社会群体生活的需要，在特定的民族、时代和地域中不断形成、扩大和演变，为民众的日常生活服务。民俗是文化传承中最贴近人民身心和生活的一种文化。其中，民俗节日是各个少数民族民俗的重要组成部分，它对人们的精神意识领域能产生强大的凝聚力和规范作用。[2] 重庆地区是少数民族聚居的地区，各个少数民族都沿袭着丰富绚丽的节日民俗。

重庆地区少数民族人口众多，少数民族传统体育资源也十分丰富。这些民族传统体育活动为群众喜闻乐见、简便易行，对场地要求不高，所用的器械也大多是平常农家的生产生活用具，居民参与的积极性很高。所以说，重庆地区丰富多彩、群众参与基础较好的少数民族传统体育资源，为居民开展群众健身、丰富闲暇生活方式提供了前提和基础。

---

〔1〕 张文．基于传统吉祥文化元素的笔记本电脑造型研究［N］．中国艺术报，2008－12－01.

〔2〕 叶湘琼．中国当代文学中“湘西形象”研究［N］．中国民俗报，2009－07－21.

比较有特色的代表如铜梁舞龙，当地居民一方面通过舞龙来锻炼身体、增强体质，同时还能传承民族文化；另一方面，当地居民以舞龙为职业来维持生活。可谓一举多得。这种模式可以推广到城镇体育的其他方面，从而走出一条具有重庆特色的小城镇体育发展之路。铜梁县位于重庆市西北部，县城距重庆市 53 公里左右。铜梁是著名的“中国民间艺术之乡”，以龙灯艺术享誉海内外。铜梁龙灯既是彩扎的龙和灯，又是以龙和灯为道具的舞蹈，是集舞蹈、音乐、美术、手工艺品为一体的民间综合艺术。铜梁龙灯的特征可归纳为“大、长、活”三个字。“大”不仅指体形，而且指造型夸张，美工上集国画、素描、剪纸、刺绣等技巧为一体，并参考戏剧脸谱的描绘手法，彩笔走脊、描画，着重突出龙的气质，使其神采丰腴、气势磅礴。“长”是说龙身长一般在 24 节左右，比例适中，舞动灵活。“活”是说在舞龙中引入机械原理，研制出手摇、发条、电动等各种方式，使龙的腾跃翻转更加灵动潇洒、活灵活现。再如坝坝舞，又叫自由舞，是百姓锻炼身体、自娱自乐的一种集体舞蹈，场地常选在广场或者开阔的地坝，所以俗称坝坝舞，流行于四川省及重庆地区，是老百姓喜闻乐见的一种舞蹈形式。坝坝舞一般自己编排，各种舞蹈元素应有尽有，包括广播体操的许多动作都入选其中，编排者也是煞费苦心，不仅要考虑动作的优美和衔接的流畅，还要便于不同层次的参舞者学习模仿。正因为如此，使得坝坝舞具有广泛的受众，无论男的女的、老的少的、有舞蹈细胞的和没舞蹈细胞的，都可以一试身手，既愉悦了心情，又活动了筋骨。

“登山步道工程”的启动大大满足了居民们的体育健身需求。随着重庆市 52 条登山步道先后投入使用，被山城市民形象地誉为“绿色健身器”的全民健身登山步道目前已在巴渝大地生根发芽。在“登山步道工程”方面做得最好的是宁海国家登山健身步道系统。宁海国家登山健身步道是第一个符合国家标准的登山健身步道，也是首次把传统的户外运动同旅游、全民健身有机结合在一起。该工程建设范围跨越宁海县7个乡镇（街道）和1个林场，总投资360余万元，包括100公里的登山步道、50公里的山地自行车道，路径上设计了休息站、露营区、接待站、报警点、垃圾处理系统等辅助设施，步道的修筑以保持山间天然路径原始状态为基础，大部分路段只稍加清理、修整。根据沿途的自然风景和植被特征，建成具有健身功能的落叶步道、沙石步道、木栈道、砾石道等。在环境保护、安全保障和标志系统等方面也有不少创新之举。例如，完善的户外安全救援体系、“太阳能救援杆”等先进设备，统一完善的路标、安全警示标系统都是国内第一次采用。由于“登山步道工程”具有向民间登山运动组织及队伍提供训练和竞技场地，向登山健身爱好者提供专业的练习和竞技场地，面向公众开放，倡导和推动全民健身运动等功能，因此大力发展“登山步道工程”势在必行。

（4）切实改善小城镇体育组织管理现状

在目前的管理体制下，体育指导员的价值取向、个人爱好和管理水平对小城镇体育的发展起着非常重要的作用，但小城镇体育的发展必须纳入法治轨道，应该尽快立法，加强监督，建立健全小城镇体育发展的规章、条例、法规，使小城镇体育走上法制化建设。根据小城镇体育管理的现状和体育发展中出现的问题，应该通过制度创新和政策调控加以优化，比如扶持具有创新意识、有推广价值的体育项目和区域性的民族传统项目。调查结果显示，中年人作为社会的中坚力量，由于家庭和社会的双重压力，参加体育锻炼的人数较少，因此，可制定鼓励中年人参加体育活动的倾斜政策，优先发展适合中青年人的体育项目，吸引中青年居民参与。

（5）加强健身意识培养

意识是行动的先导，为此应该在各方面积极行动，首先让小城镇的居民学习健康、积极的体育知识和增强健身意识。从管理者的角度，针对居民健身意识缺乏的特点，通过各种媒体，比如电视、报纸、杂志等，加大对体育锻炼的重要性和必要性宣传，可以由政府设立专门的宣传栏；还可以通过体育场馆的经营者进行宣传。同时体育管理者自身的健身意识也要提高，管理者对体育活动的重视，在一定程度上可以推动体育活动的开展。

（6）壮大体育指导员队伍，提高体育指导员素质

目前小城镇的体育指导员队伍比较薄弱，而且没有真正地发挥指导作用。因此要建立健全合理的社会体育指导员制度，尽快将社会体育指导员工作纳入法治化轨道，充分发挥社区内教师资源优势，并对其进行培训，建立一支稳定的、具有一定专业水平的社会体育指导员队伍。社会体育指导员队伍的建设和发展，要坚持以质量为主、稳步发展的原则。在授予社会体育指导员等级称号之前，要进行严格的培训和考核，以确保其能够科学地开展社会指导工作。在其指导的健身项目上也应加以明确的限定，未参加培训和考核的项目，一律不能进行指导。在把好质量关的前提下，按照自愿申报、系统培训、严格考核的原则，有计划、有步骤地扩大数量。社区体育组织要充分利用社区人才资源，主动聘请社区内的体育教师、体育特长者等担任指导顾问或兼职指导员。通过动员、说服的方式，让他们以志愿的形式为组织提供指导。[1]

〔1〕徐冬梅．江苏省常熟市练塘镇体育现状与对策研究［J］．体育与科学，2007（9）：61.

4. 以市场为导向发展小城镇体育产业

目前在我国小城镇体育产业化的发展中，普遍存在“低消费、低层次、低效益”的问题，还没有形成一个能够独立存在与发展的体育产业，因此，加强对小城镇体育产业的开发与建设，具有十分重要的意义。体育产业观念滞后、经济发展基础薄弱、挖掘产业资源不够等因素导致体育产业发展落后。而针对上述状况，我们应该以市场为导向，这才是发展小城镇体育产业的关键之举。在发展策略上推广全民健身，加大全民健身活动的宣传力度，使人们能更多地参与健身活动和体育消费，体育场馆应全方位向大众开放，以吸引更多的人参加体育锻炼，并加强对体育产业管理人才的培养。发展体育企业，培育体育资本市场，政府应重视开发与培育体育产业，动员并指导乡镇企业根据自身实际和市场需求，将体育产品生产、流通、交换、消费等诸多环节联结为一个完整的产业链，对小城镇的健身、娱乐设施建设和体育市场开发进行合理布局，根据自身实际，开发体育产业的规模化经营项目，如打造生态旅游、文化景点等。转变乡镇职能，合理规划体育产业，乡镇可以通过财政补贴为开发体育市场提供动力，也可以通过投资优惠政策鼓励企业与个体投资。此外，根据地域特点分析发现，重庆在发展小城镇体育产业上有其天然的优势。农村剩余劳动力大量转移到小城镇，第三产业是未来社会经济发展的必然趋势，这为小城镇体育产业提供了人力保障。近年来，农村出现了乡镇企业家和农村专业户等先富裕起来的阶层，他们有参与体育的强烈愿望。小城镇的地理位置介于城市与农村之间，小城镇的自然条件对城市人口有很大吸引力，小城镇体育产业化具有宽广的发展空间。所以，对于小城镇来说，规划、发展小城镇体育产业将是未雨绸缪之举，意义十分重大，影响也将会十分深远。

5. 实施“以学校为基地，实现学校体育与小城镇体育的互动”的体育发展模式

（1）建设学校体育基础工程，实现学校体育与小城镇体育的互动

小城镇体育的发展依赖于学校并服务于教育是现阶段以及未来一段时期的发展道路。一方面，学校的常规体育教学既能增强学生的体质，养成体育意识和体育习惯，培养学生在某一方面的体育爱好，使他们终身受益，成为未来乡镇体育人口的组成部分；另一方面，乡镇未来大量的体育骨干将来自学校，这些体育骨干对于乡镇体育未来的发展起着重要的作用。目前，在小城镇举办的重要体育活动中，学生已是其中的生力军，未来，他们一旦走上工作岗位，其体育方面的兴趣爱好对于一个企业乃至小城镇体育的发展作用不可低估。因此，加强小城镇学校体育工作，培养学生的锻炼习惯，让他们掌握一个自己感兴趣的运动项目的技能是实施乡镇体育未来发展的战略任务。

《全民健身计划纲要》明确提出，全民健身计划以全国人民为实施对象，以青少年和儿童为重点。青少年和儿童健康成长关系到国家的富强和民族的昌盛，要发动全社会关心他们的体质和健康。这一论点指出了全民健身应以青少年和儿童为重点，而青少年和儿童大部分集中在学校。因此，抓好了学校体育，就抓住了全民健身的纲。大量科学研究早已证明，在青少年时期如能进行科学的体育锻炼，对促进他们的生长、发育和提高他们的体质起着决定性的作用，关系到他们一生的健康，终身受益。学生是未来的父母、未来各阶层的领导者和决策者，应充分重视学校健康教育的深远效应。

（2）发挥企业龙头作用

作为地区的重要经济支柱——乡镇企业，在给地方带来经济繁荣的同时也应为小城镇体育的发展做出积极的贡献。在市场经济条件下，乡

镇企业应该充分利用自身的优势，打开体育这扇窗，推动企业的发展，同时也要为体育的发展承担义务及历史与现实赋予的责任，展示文化传承功能。

小城镇企业管理者要解决思想认识的问题，充分认识体育在社会交往中的重要作用，自觉地把镇与镇之间、企业与企业之间的比赛作为架起友谊的桥梁，作为镇、企业社会交往的手段。充分认识到体育在提高知名度、促进经济发展上的主要功能。从企业的长期发展着眼，重视乡镇企业职工健康问题，正确处理职工健康与企业经济效益的关系。

企业要完善体育硬件建设，为职工提供适宜的体育场地设施和必要的体育器材。在以企业行政拨款作为职工体育经费主要资金来源的同时，将福利性和营利性结合在一起，多渠道为企业职工体育的发展筹集必要的资金，以满足企业体育物质资源不足的现状。

开展多种形式的体育活动，满足不同职工的体育需求。应根据企业自身生产的特点来组织职工体育活动，在生产任务紧张时，可分散活动以消除疲劳。企业可组织职工开展多种形式的运动会或趣味体育竞赛，以吸引更多的职工参与体育活动。

企业要充分利用自身优势，促进小城镇体育比赛和体育活动的蓬勃开展。企业拥有独立的经济权，可以通过赞助和组织地区群众性体育活动和体育竞赛，建立小城镇区域内各企事业单位之间的横向联系；通过联合投资兴建社区体育场馆设施，培育体育健身娱乐市场；通过推广民间传统体育活动并组织新兴运动项目的体育俱乐部来引导社会各界提供赞助，共同推动小城镇体育的发展。

作为小城镇剩余劳动力的蓄水池——企业，要充分认识自身在小城镇体育发展中所处的地位，发挥自身经济优势给予小城镇体育以助力，积极与学校配合，通过举办多种多样的比赛和体育活动来提高广大职工的体育素质，发挥体育骨干的体育示范效应，以期对小城镇体育产生深远的影响。

三、我国农村休闲体育发展研究

农村体育作为构建社会主义和谐社会的一部分，是民生问题的一个重要着力点，也是农村整体工作中的一部分，因此既要从农村的实际出发，又要站在全局的宏观高度把握好农村体育的发展方向。农村休闲体育具有强大的经济潜力，对于推动农村发展具有更直接和更深远的意义。

（一）农村休闲体育发展概况

1. 农村休闲体育的特征分析

休闲产业的资源供给具有无限的延伸性，需求也是动态的，因而是一个不断变化的产业，需要与时俱进。体育、旅游、文化、娱乐四大产业是我国休闲产业的核心。农村休闲体育作为休闲体育产业的一种，符合休闲体育产业的大部分特征，主要表现为复合性、大众性、层次性、竞争性、地域和资源的限定性。

（1）复合性

农村休闲体育无法独立存在，需要与国民经济其他部门相互支撑和依托才能运行，如餐饮、旅游、娱乐、农业、食品加工制造、服务业等。这与农村休闲体育产业开发过程中存在的配套服务设施不足实属同一问题。

（2）大众性

随着物质生活水平的提高以及节假日的增多，人们对精神生活和高质量生活品质的追求日益强烈。目前我国的法定节假日有 115 天，加之带薪休假制度不断完善、城市生活压力巨大和环境污染严重，这种时间、观念以及经济基础、需求的改变使得农村休闲体育能够迎合大众市场。

（3）层次性

地域和资源特征以及经济收入导致的市场分化，不同地区所能开发的农村休闲体育活动各不一样，如有的能开展漂流，有的能开展滑翔等。而作为消费主体而言，经济收入的差距可能会让他们选择消费不一样的休闲体育产品，如户外探险通常需要专业的户外运动装备，价格不菲。但目前市场的大众化趋势明显，中低端市场正在逐渐走向繁荣。

（4）竞争性

竞争是任何一个行业都无法避免的状态，一方面是指对资源的竞争，如农村休闲体育产业的竞争主要集中在土地、人才、资金、信息和管理等方面。另一方面是指市场的竞争，同一地区的不同农村由于地缘因素的限制，可能开展的休闲体育活动产品相似度较高，缺少自己的特色。如在宜昌，由于长江水域的天然优势，以漂流为主打项目的景点较多，有杨家溪、泗溪、车溪等，只在开发规模和接待能力上有所差异。

（5）地域和资源的限定性

农村休闲体育，顾名思义就是在农村开展的、根据当地的山水自然资源和民族传统体育资源进行的体育休闲活动。在地域上限定于农村社区，在资源上也必须是当地本身所具有的。

这些特征要求在进行农村休闲体育开发时要注重资源的整合，遵循其本身的特质，构建大体育格局，更好地促进其发展。

2. 农村休闲体育开发的机遇和基础

（1）参与型体育将成为带动整个体育消费快速增长的主流

我国的休闲生活方式正在从消除疲劳型向休闲娱乐运动型转变，从内敛式、封闭式向散发式、开放式转变，从个体型向群体型社会化的方式转化，主动参与和被动参与的方式共同发展。参与型体育消费主要是指人们为追求健康和娱乐而购买体育服务企业提供的健身娱乐服务、健身技能培训、辅导、咨询等服务产品。这类消费将成为主流有三方面的原因：一是居民生活方式的改变，二是医疗保健制度改革激发了人们对健康的追求，三是政府的重视、参与和支持为这类产业提供了良好的发展空间。

（2）农村丰富的自然和文化资源是开发的物质基础

农村具有广阔的、天然的健身场所，各地区、社区和郊区农村可根据附近地形优势，开发出登山、滑沙、攀岩、激流冲浪、蹦极等项目，既能吸引城市居民贴近大自然，体验挑战自然、战胜自己的满足感，又能加快当地体育附属设施的建设，促使农民健身意识的增强，从而通过农村居民的参与及广大城市居民的参与，加速体育产业更全面地发展。既能健身又能旅游，既有竞争又有娱乐，这就是休闲体育最大的特点，让人们在不知不觉中融入体育健身。农民经济基础和健身意识的提高，是开发农村体育市场最根本的课题。

（3）国内外休闲体育产业的开发提供了丰富的借鉴经验

在发达国家，体育产业是国民经济的支柱产业，同时受其文化因素的影响，参与型的休闲体育活动更受青睐，这为进行农村休闲体育开发提供了许多宝贵经验。体育产业是美国极其重要的支柱产业。极限运动是美国发展最快的大众休闲体育活动，如滑雪、滑板和滑水等运动项目。日本居民在休闲体育活动项目的选择上更注重通过消费来达到锻炼身体、考验自身意志品质的目的，而且强调在活动过程中可以欣赏到大自然的美好风光，活动方式简便易行，随意性、机动性较强。本书选取了珠三角城市绿道网、宜昌多处漂流景点、京山等地的农村休闲体育开发实例进行调研分析，寻找它们的共性特征，总结它们的开发模式，借鉴其农村休闲体育开发的经验，进而在结合我国国情的基础上总结出适合我国农村的开发模式和理念。

3. 农村休闲体育与区域经济发展的作用机制

农村休闲体育与农村经济发展的动力机制主要有三种：主体作用机制、要素作用机制、能量生成机制。

（1）主体作用机制

主体作用机制分为三种类型：外生结构型、内生自发型和内外相结合型。外生结构型主要是由政府推动，政府通过政策、规划进行引导、扶持和干预，完成基础设施建设，完善相关配套服务设施，代表性的主要是农村体育工程、雪炭工程及乡村地区建设的全民健身户外活动基地等。内生自发型主要是由企业推动，以民营资本为主体，如通过承包、租赁等开发的户外拓展营地，兼具文体休闲娱乐活动功能的农家乐等。内外相结合型主要是由政府和企业共同作用，政府进行宏观指导，市场主体进行自主开发和经营。珠三角城市绿道网的建设就是典型的政府和企业共同作用的内外相结合型机制。

（2）要素作用机制

要素作用机制主要是以当地进行农村休闲体育开发所利用的要素来划分的。一是利用当地的资源优势和特色，形成专门的市场，继而开发关联市场，最后形成产业集群的原生型要素动力机制。我国的大部分休闲体育产业开发都是建立在本身的资源特色之上的，以山水资源为主，虽然传统的体育文化也是一大特色，但是目前还没有得到有效的高水平的开发。二是衍生型要素动力机制，主要是指本地缺乏足够的或者有特色的资源，只能通过组织运作和引入外部资源入手，湖北省的京山县就是这一类的典型。京山县本来没有自己的优势体育项目，但是通过外部引入网球并大力扶持和发展，经过二十年的努力，京山县已经成为中国的网球之乡，类似的还有体操之乡等。

（3）能量生成机制

能量生成机制是指通过农村休闲体育的集聚效应和波及效应来推动和促进农村地区的经济社会发展。农村休闲体育的开发可以吸引外部的企业和人才的进入，产生巨大的辐射效应，这种效应又反过来继续吸引其他企业和要素的进入与发展。

4. 当前我国农村休闲体育开发存在的问题

除了农村休闲体育本身带来的经济、社会、文化和环境的负面影响之外，还存在以下几个方面的问题。

（1）开发缺乏整体规划，对开发过程不清楚

农村社区领导人竞相在社区建立农村休闲体育产业，但是他们通常对开发过程并不了解，因此很难生成真正的农村休闲体育。如果农村社区领导人或者开发商不了解如何开发，对休闲体育产业的开发流程不清楚，也就无法预测这个产业开发会对农村地区产生的影响和后果，更不用说应对这些问题。

（2）开发水平参差不齐

就我国的农村休闲体育开发来看，各地区的开发程度和规模参差不齐。环太湖、珠三角城市绿道网的建设是以大量的资金投入为基础，社会各界的广泛参与为支撑，开发的规模相对较大；而环青海湖地区资源丰富，地域广阔，人口密度较低，开发规模与程度与前两者有很大的差距。政府的投入力度因各地方经济条件不一而各有不同，但是一般的企业都没有足够的能力进行大规模的开发（也包括社区自身）。没有地方经济发展机构或者企业联盟提供支持与协调，往往出现的结果就是开发的内容、产品、价格等各方面的不适应。

（3）农村居民的参与程度低

农村休闲体育的开发决定主体可能是想要促进农村社区和谐发展的政府，也可能是想要利用农村资源优势赚取利润的实力雄厚的企业家。一方面政府可能缺乏对整合农村范围内的休闲体育产品和服务为一体的综合性品牌的关注，另一方面因为缺乏这样的努力，使得休闲体育市场不能服务于经济发展的目标，农村居民的实际诉求和意见也没有得到很好的考虑和采纳。

（4）政策和法律保障缺乏

到目前为止，还没有出台直接针对农村休闲体育开发的政策法规和文件，在开发时主要参照国家体育总局全民健身户外活动基地和旅游部门的相关规章制度来执行。而全民健身的场地设施建设以福利性输入为主，缺乏对农村休闲体育开发的扶持。

（5）配套服务设施和相关市场开发不足

我们在环青海湖的实地调研中发现，该地区的配套服务设施相当缺乏，给前去旅游的游客带来诸多不便，同时也制约了其更好的发展。相关市场的开发不足，会导致产业开发的辐射效应大大降低。这一点在葡萄牙 Linhares da Beira 小乡村的研究中就曾被探讨过，由于当地的容量有限，很多活动都必须预订，在因天气原因无法开展滑翔运动的时候，未进行提前预订的客人将只能无可奈何地等待天气好转。同时很多的客人表示他们愿意带家人一起来参观他们的滑翔运动，但是这里却缺少供陪同前来的家人们娱乐的活动。如果这些能够得到改善，那么必然会有更多的人来到这里。

5. 农村休闲体育发展的制约因素分析

根据农村休闲体育开发存在的问题，进一步剖析制约农村休闲体育发展的因素。

（1）经济实力较差

农村地区的休闲体育产业开发水平，主要取决于当地的经济能力、政府的投入，以及开发商的实力。企业家试图进入农村地区从事产业开发，无奈农村地区的基础设施条件太差，开发难度也大，农村居民也因此选择远离家乡在外地谋求生存。政府要改善当地的经济社会环境，最重要的就是要加大资金和政策的扶持。改善当地的基础设施条件，创造良好的投资环境和居住环境，投资环境改善了，企业入驻进行产业开发，创造就业岗位，农村居民才能更好地发挥他们的力量建设家乡。

（2）社会文化壁垒

在实践中参与观察和访谈表明，战略规划将需要克服显著的社会和文化壁垒。农村居民居住分散，社会组织和社区文化实践有一个漫长的历史和稳固的传统，农村社区的这些特征已经明确地显示出了战略规划所要面临的社会文化壁垒。文化组织在农村社区制约开发中所扮演的重要角色也已经凸显出来。随之而来的挑战是映射行为、价值观和信仰，它们能制约社区发展的积极性。大量的受过良好教育的年轻人外迁，使得农村社区不断衰落。尽管政府已经认识到基层文化的没落，并且将基层和农村文化建设纳入政府的工作重点，但没有采取特别有效的措施去落实。

首先，当地社区居民通常缺乏技能、培训业务或社区发展规划，同时也没有相应的组织和机构去承担这些培训和实施发展规划。

其次，农村结构和生活节奏相对稳定，即使当地人有想要在当地改变或者创业的意愿，也很少被家人或者邻里赞成，在他们看来，这样的尝试很难带来预期的效果。因为长久以来，农村的亚文化表现为宿命论、悲观论、缺乏革新精神、局限的世界观，对政府既有很大程度的依赖，又表现出一定程度的漠视。

在大量农民外出务工的今天，农村的人口结构已经发生了巨大的变化。很多农村家庭可能只留下了老人和儿童，相对于年轻人，老人们更加害怕改变，对农村社区也有更深厚的情结。无形之中建立起来一种拒绝改变的氛围，更加显示出农村当地的人力资本的缺乏。

一方面，农民感慨着为了谋求更好的发展而不得不外迁的无奈，尤其是老人和小孩，家庭和朋友的迁移给他们带来了更多孤独的心理感受。另一方面，他们也希望自己的家人和朋友能够有更多的经济收入，来改变他们经济相对匮乏的现状。但是通常他们并没有意识到自己的这种渴望和农村保守的文化氛围之间的矛盾。

（3）规划的外源性

事实上，农村居民对于政府或者企业在当地进行的产业开发，并不会一开始就充满肯定和参与的热情。首先，他们怀疑这些开发活动很难对经济发展产生可预见的影响，他们会怀疑那是不是政绩工程。其次，居民认为这些开发的成功更多的受益者并不是他们。同时他们又相对缺乏商业头脑，只感受到政府支持给他们自身带来的好处和便利，却很少意识到这些帮助对于整个社区的改变。

从历史来看，我国在推进农村工业化过程中兴办的农村企业多带有爱国主义色彩和崇高政治使命，并不单纯是一个经济问题。这种凭借政治热情、利用行政力量来打破农村社会低水平的超稳定静态均衡有重要意义，但是其浓厚的外在“嵌入式”特征，往往容易脱离实际，超越现实的发展水平。规划的组织者和实施者主要是政府或有实力的企业家，如同我国农民体育工程等全民健身场地设施的福利性输入一样，农村居民处于被动的接受状态。政府或企业在制定政策或者实现其利益的时候，没有征求当地居民的意见，更别说让他们参与到开发的过程中来。也正是因为被排除在计划和发展过程之外，使得农村居民对开发充满了怀疑态度。而政府或企业又可能由于对当地的条件和流行的社会态度缺乏了解，从而在工作中出现“水土不服”的情况，导致无功而返。

（4）农村体育发展的现状制约

根据国家体育总局对乡镇和农村体育场地设施的援建内容来看，农村体育场地设施的主要类型为篮球场、乒乓球台、小型运动场等，按照统一的标准配给。这些仅仅能够填补农村体育场地设施的空缺，并不能满足当地居民多样化的场地设施需求，更不能成为农村休闲体育活动开展的基础。

农村体育组织的缺乏也是制约农村体育发展的短板之一。国家体育总局关于“农村体育事业发展状况”的调查显示，我国绝大多数村庄没有体育组织，即便有也只是零星分散的几个，分布状态上是东部多、西部少，农村居民也很少参与这样的组织。在体育活动方面，有近四成的村庄没有开展过体育活动，开展活动的地方也以乡土特色鲜明的传统表演类活动为主，且村民的参与度不高。既缺少外在力量的推动，又受自身的社会文化壁垒的制约，使得农村休闲体育长期处于沉寂状态，农村居民不愿意也不能够去投资开发这样短期内无法实现收益的产业，因而农村休闲体育也就失去了在本土成长的可能。

（二）农村休闲体育的开发

随着人们对高层次生活水平的向往、多元化的休闲体育消费需求的增长以及城市生态环境水平日趋下降，人们对健康生活的向往和对回归自然的追求越来越强烈，这些条件也刺激了农村休闲体育市场需求的扩张。国家对农村建设的重视和大力投入，推进城乡公共服务均等力度的加强，农村城镇化水平越来越高，农村公共基础设施不断完善，为这一市场的开发与形成创造了现实可行的条件。

农村休闲体育的开发首先要有明确的市场定位，并进行市场细分，熟悉和了解其开发过程。

1. 我国农村休闲体育开发的市场定位

考虑我国农村的地理环境、经济水平、社会文化特色等先决条件，结合我国休闲体育产业的市场需求，我国农村休闲体育开发的重点应该放在依托山水的体育旅游、健身资源开发和依托农村具有民族特色的休闲体育资源开发。一方面，能满足人们休闲健身的需求，达到回归自然、愉悦身心的目的；另一方面，在参与和观赏独具特色的民族特色休闲体育活动及了解文化的过程中，形成独特的感受和体验。农村休闲体育市场的主要定位有两个方面。

（1）依托山水的体育旅游和健身资源开发

我国地域广阔，东西南北部的气候差异明显，且分布着各具特色的山川、河流及湖泊等地理资源，这类开发应以登山、攀岩、探险、漂流、游泳、冲浪、滑雪、滑冰、徒步旅行、野营等注重参与性和体验性的项目为主。一方面要求开发的产品具有自身的特色，另一方面对当地的生态环境要求较高。因而在开发的过程中，既要充分利用好当地的山水资源，也要保护好这些资源，确保资源的开发走在科学、健康、可持续发展的道路上。

（2）依托农村民族特色休闲体育资源开发

我国的少数民族大多分布在农村地区，他们是传统文化的传承者和继承人。民族特色休闲体育不仅包括具有民族特色的传统民族体育活动，也包括由此衍生的具有民族特色的休闲体育文化。这种特色的休闲体育资源源于不同民族的文化和历史，具有较强的稳定性，同时与其他民族的资源呈现出较大的差异。我国是多民族国家，且少数民族地区面积占了国土面积的60%以上，为我国丰富的农村休闲体育资源提供了广阔的基础。目前我国已经发现和记载的民族特色传统体育项目已接近700项，摔跤、高跷、武术、风筝、赛马等诸多项目对国内外群众都具有强大的吸引力。

2. 农村休闲体育的开发过程

市场开发是通过市场调查发掘潜在市场，进入新的细分市场，开辟新的营销渠道，开拓外部市场的过程。

目前，在国内外已经有诸多利用农村资源发展农村社区来改变当地经济社会状况的案例。农村地区的年轻人进城务工，因为当地缺乏就业机会和稳定的基础设施。农村休闲体育产业虽然带来了新的希望，但是显然并不足以解决所有的农村问题。现实的问题还在于，政府或者企业对于农村休闲体育的开发过程并不清楚。一位研究人员指出，通常我们花了很多时间研究产业开发产生的影响，却在很大程度上忽略了开发过程。本书将农村休闲体育开发分为三个阶段。

（1）第一阶段：市场调查与市场细分

细分市场的目的是确定最终的目标市场，各地、各农村的条件和特色不同，根据自身条件，因地制宜，选择适合自己的细分市场，是避免盲目开发的重要前提。从资源角度来分，如东北地区着重开发冰雪项目，西部内陆地区着重开发山川资源，南部沿海地区着重开发水上资源，少数民族地区着重开发民族传统体育项目等。从消费者来分，有些项目可以针对大众群体，具有广泛的适应性；而有些对技术、装备、身体素质等要求较高的项目，可对不同年龄段的人群进行分类调研。市场主体的选择更明确，也更具有针对性。

首先，要通过市场调查对农村当地的基本情况进行了解，包括人口数量、市场容量、经济水平、地理位置、民俗文化、传统体育项目、体育场地设施、体育组织和活动等，确定开发的价值和能开发的项目。同时还要了解当地或邻近地区是否存在可以与之竞争的、已经开发或正在开发的项目，尽量避免同质化的竞争。

农村休闲体育的开发通常始于个体或者组织认为有某一资源可以被用来发展休闲体育产业，能够吸引游客前来游玩和消费。这种资源可能是自然的，可能是文化的，比如环青海湖的自行车赛道，是借助青海湖沿线的美丽风景和平缓的地势，宜昌的漂流基地通常设在长江的支流水域等，这些都是典型的自然资源开发。而珠三角地区的绿道网，更多的是政府出于民生、经济和社会的综合考虑提出的一个概念并付诸实施，最终形成了一个农村休闲体育集群。

其次，要进行市场分析，主要包括在当地进行休闲体育产业开发的优势和劣势，开发者自身的优势和劣势，以及在开发过程中所拥有的机会，可能面临的威胁和挑战等。在市场分析的基础上，确定市场开发的总体目标。

（2）第二阶段："形式化"农村休闲体育开发过程

确定目标后，要进行战略制定，如营销策略、产品策略、价格策略、渠道策略。当开发的意向产生之后，需要建立正式的组织来正式筹备开发的过程、组织开发的实施，如政府的相关部门、参与开发的企业和当地的居民都要参与进来，以开始计划休闲体育市场为起点，对整个开发过程和项目进行科学的规划。同时积极寻求稳定的资金来源和财政支持。

（3）第三阶段：营销的开展，建立过程与检查机制

开发开始后，营销也要全面开展。最新的品牌模型认为，品牌可以由多个元素构成，诀窍是要让这些元素合适地组合在一起。尽管联合品牌是否会被市场很好地接受需要经验支撑，但是显然创建一个联合品牌是必要的。这也符合农村休闲体育复合性的特征。另外在这个阶段的开

发过程中，相关的配套服务设施建设也应当启动。

最后，当休闲体育产业发展到一个成熟的阶段，社区可以建立一个正式的休闲体育管理组织。

因此，我们需要的是一个相关资源的指导，提出农村休闲体育发展的不同方法和提供可靠、真实的案例。农村休闲体育开发模型的构建，如重要程度如何，也许现在还不能给出最确切的答案，事实上也并不存在万能的公式，因而模型的意义在于告诉人们开发的过程以及要注意的问题，避免在农村休闲体育开发的过程中同样的错误一犯再犯。

3. 参与式农村休闲体育开发模式

（1）参与式农村休闲体育开发模式的内涵

通过前面的研究，我们不难发现农村休闲体育产业开发所面临的一个重要难题——农村的社会文化壁垒，也总结出了外源性输入在农村难以适应和持续发展的现状。据此，本书尝试性地提出了参与式农村休闲体育产业开发模式，它要求农村社区对休闲体育产业开发的全面参与，农村休闲体育产业开发所涉及的利益主体不只是政府和企业，还有农村资源的拥有者和使用者——农村居民，如何协调好三方主体的利益，避免在开发过程中出现利益摩擦和争端，也是解决好体育产业开发可持续发展的重点问题。

参与式的全称是参与性农村发展计划（PRA，participatory rural appraisal），实际上是指一套通过参与式方法了解发展对象及所在地区的历史、现状、社会、经济、文化等方面存在的问题、约束、机会等手段的总称。此社区发展方式源自 Paulo Freire——一位成人教育提倡主义者的成人教育方式所衍生出来的社区发展计划。通常所指的参与式的方法是指在以农民为主体、以农民参与为主要形式的前提下，社区居民聚集在一起发现问题、分析问题并得出解决问题的方法、途径的一种工作过程。在参与式过程中，会有外界的协助者作为主持人，以协助社区居民完成上述过程，但必须遵循上述的前提。

参与式农村休闲体育开发模式正是立足于农村体育的可持续发展，依托于农村社区的体育、文化和自然资源，在政府和社区的支持下，以社区全民参与为开发形式、以城市居民为主要消费主体，集健身、休闲、娱乐为一体的形式多样的、可持续的产业开发模式。简单地说，它是“政府 + 企业 + 农村社区 + 农村居民”的一种开发模式。

（2）需要农村社区和居民参与的原因

①要获得农村居民的支持。农村休闲体育开发的主要目的和任务是服务于农村经济发展，增加农民收入，改善民生，改进农村产业结构，促进城乡一体化建设，加快农村、城市经济社会发展，缩小城乡差距。农村居民是主要的利益主体，有参与的必要性。社区居民参与社区决策有一个明显的好处：参与过程让社区方案更加贴近民意，同时也让方案的实施获得社区居民的支持。

②为了避免在开发过程中因资源被占用而导致的农村居民返贫的情况出现，开发农村休闲体育，农村居民可以通过参与提供餐饮、住宿、接待等服务和设施获取直接的经济收入，也可以减少农产品的流通环节，直接面对消费者，延长农村居民的收益期，改变忙闲不均、收入固定单一的局面。

③促进农村精神文明建设和谐发展，挽救农村文化的没落。居民参与农村休闲体育的经营和管理，占用了闲暇时间，农村的生活陋习和不良风俗随着参与时间的减少和外部文化的输入会逐渐消失。休闲体育产业开发所提供的就业机会，也能使得农村家庭的留守老人和儿童得到关爱。同时，农村休闲体育的开发能够促进社区繁荣和发展，增进农村居民的社区归属感和自豪感，自觉地维护农村形象和环境。

更重要的是，参与式的开发模式也符合农村休闲体育的能量生成机制。

(3) 农村社区和居民的参与形式

农村居民如何参与是这一模型的另一个重要问题。根据前述研究案例中存在的问题和农村的实际环境，农村社区居民对农村休闲体育的参与应该是全面的参与，这样才能最大限度地保障利益三方的协调，最大限度地激发农村居民的参与热情，实现能量聚合的最大化，因此应该包括规划设计的参与、开发过程的参与、经营管理的参与和利益分享的参与。

规划设计的参与主要是在设计开发之前，充分地了解当地的文化、居民对开发的态度，以及他们的愿望和诉求。前面的研究也发现，居民对于开发的态度并不是一开始就拥护的，事实上，他们对开发是抱着怀疑态度的。农村居民的参与是打破文化壁垒、赢得农村居民支持的最佳手段。

开发过程的参与主要体现在需要占用农村居民所拥有的土地、房屋及其他资源条件时，要使他们能够转移资源的使用权，就必须给予他们相应的回馈和补偿。比如，为当地的年轻人提供构建知识、技能的活动，开展以他们的特长或兴趣为特色的活动等，都是争取资源用户支持的方法。

经营管理的参与，一方面是参与到农村休闲体育具体经营项目的管理中来，比如承包某一项目自主经营，或者成为某一项目的雇员。另一方面是农村居民利用产业开发创造的环境，结合自己的资源进行自主创业和创收，如向游客提供餐饮和住宿等相应的服务设施，以及出售自己的农副产品。但这些对于农村居民的经营和管理能力有一定的要求，需要相关的部门对他们进行指导和培训，使之能够胜任基本的经营和管理工作。

利益分享的参与，在休闲体育产业的开发过程中，有的农村居民可能利用自己拥有的资源进行投资，而不是单纯地转让使用权，在最后的利益分配时获得与自己的投资份额相应的红利。在项目建成之后，可以让当地居民在参观和使用相关设施时免费或者享受优惠。通过农村休闲体育开发所得的收益，部分用于改善和建设农村基础设施，以实现对农村居民的回馈，如交通、通信、房屋、水电等方面的帮助和扶持。

（三）农村休闲体育开发的对策

农村休闲体育开发对策主要从政府、企业和农村社区及居民三个层面进行分析。

1. 政府方面

正确认识发展农村休闲体育的意义，切实转变政府职能部门和民众观念，倡导绿色消费与生产。将农村休闲体育作为解决农村人口就业的有效途径，尤其在耕地资源贫乏的地区，更是优化农村公共服务和投资环境的战略选择。在社会文化方面，农村休闲体育是调节地区收入差距、促进社会公平的手段，既顺应了我国服务业的发展潮流，又促进了农村精神文明建设。具体来讲，可以通过以下几个方面的措施来保障和促进农村休闲体育的发展。

一是加强对农村休闲体育开发的宏观指导，从农村社区全面发展的角度进行科学合理的规划，注重综合效益的发挥，形成可持续发展的产业格局。国内外众多实例已经明确地传递出进行科学规划的重要性。如果没有科学的规划，那么休闲体育产业的潜力可能就得不到很好的开发。尤其是对当地社会文化条件的忽略，要强调社区参与是规划的一个必要条件而不是可有可无的。同时还要注重加强与其他产业的关联，共同扶持，共同推进。

二是政策的倾斜和资金的扶持。虽然国家给予农村发展很多政策上的倾斜，但是目前对休闲体育产业的开发政策还远远不够，同时资金的扶持力度较小，而农村的经济条件相对落后，需要政府积极的财政投入来改善基础设施条件，创建良好的农村体育公共服务系统，为企业创造相对成熟和理想的开发环境。

三是加强法制建设，规范农村休闲体育的开发。在产业发展的初期，可以通过试点和借鉴国内外的经验，有预见性地制定规范性政策和措施，培育和形成合理的市场监管体系，避免后期出现市场混乱的局面，保障农村休闲体育的健康、可持续发展。

四是完善社会保障制度，完善城市人口的带薪休假等制度，鼓励城市人口积极到农村消费，鼓励农村居民积极参与休闲体育产业开发。

五是组织成立农村休闲体育研发机构，研究国内外的成功经验，创立符合我国实情的农村休闲体育产业理论、政策措施。

2. **企业方面**

在产品设计上，要以市场消费需求为导向，避免简单的复制和盲目跟风，合理定位市场。针对各农村地区不同的资源特色和社会文化环境，打造具有特色的产品和品牌。

在产品的开发过程中，注意协调好不同利益主体之间的关系，争取得到政府职能部门和资源所有者及农村居民的大力支持。

在产业的经营管理过程中，一方面，要改善企业内部的人才结构，积极吸纳高层次人才参与产业的经营管理；另一方面，要注重人才的培养和当地人力资源的合理利用。虽然农村居民的文化素质普遍不高，但是他们对于当地的社会文化和资源环境的熟悉程度远远超过外来人口，有选择性地对部分人群进行培训，并将他们分配到合理的岗位，积极发挥他们的人脉关系和能力，可以促进企业与农村居民之间的和谐共存。

在产品营销过程中，要结合农村地区的其他资源和文化进行整合营销，树立整体品牌战略。同时积极开发伴随市场，即让更多的个人参与变成更多家庭和团体的参与。

3. 农村社区及居民

农村社区的社会文化是休闲体育产业开发的主要壁垒，因而更应该以开放的姿态来吸引外界资本的进入。

首先，改变陈旧的观念，包括对休闲娱乐、体育活动的认识偏差，还有对企业和政府开发行为的冷漠和怀疑态度。事实上，积极地参与才能更好地让政府或者企业听见居民的声音和诉求，避免产生对本社区无法控制的失落感，同时改变农村社区和居民的经济困境。

其次，提高自身的商业意识和经营管理能力。对于长期务农的农村居民来说，“商业意识”可能是个陌生的词汇，但是收益的吸引力却并不小。因而，除了积极地改变保守而陈旧的观念，还需要社区为他们提供更多的培训和指导，使他们能够迅速地适应外来开发所带来的巨大变化。

第三章　我国休闲体育的社会规范和社会建制

目前，我国关于休闲体育项目的分类形式较多，尚没有统一的标准，但休闲体育项目的参与者和服务者在实施休闲体育项目时应遵守相应的社会规范。休闲体育的市场开发应符合休闲体育市场的需求，场地设施的建设和使用应符合国家规定或审定的建设和使用标准；休闲体育服务人员应具备职业道德、法律素养、服务知识和服务技能，休闲体育的场馆和器材在管理、使用和维护方面应制定具体的管理、使用和维护制度，居民在日常生活和休闲体育活动中应遵守居民行为规范。目前，我国休闲体育的法律规范还很不完善，休闲体育法律规范的制定和实施对完善我国休闲体育的社会规范、推动休闲体育的健康发展具有重要意义。

我国休闲体育政策的历史演变过程与国外相比，起步较晚，但为适应休闲体育发展与需求，内容更新较及时。目前，我国休闲体育政策虽体现出亲民化、人性化、可持续化等特点，但也存在一些问题，包括休闲体育场馆设施的供应不足和休闲体育发展的战略规划缺乏。休闲体育政策对居民的休闲体育方式、休闲体育社团组织、休闲体育活动设施、休闲体育产业结构、休闲体育教育模式以及我国建设社会主义精神文明，都有重要的深远影响；未来我国休闲体育政策的发展应趋向于建立政府主导的有限市场化机制，以及制定系统的休闲体育产业发展规划。我国休闲体育政策的完善与实施，对我国全面顺利地开展休闲体育活动有非常重要的意义。

休闲体育的社会体制化即休闲体育适应社会中的规则或习惯，形成一定的制度，成为一种社会事业、社会建制。休闲体育的社会建制由休闲体育主体的价值观念、休闲体育主体的行为规范、休闲体育的组织系统和休闲体育的物质支撑四个要素构成；各级政府对休闲体育社会建制的管理，可以在潜移默化中使休闲体育成为人们的习惯和意识，从而使人们约束和控制自己的行为；休闲体育的社会建制在运行过程中，四个构成要素缺一不可，每一要素都有其运行的作用和意义。目前，我国休闲体育的社会建制正处于初步形成的阶段，社会建制的完善有助于人们休闲体育习惯的形成，从而增加休闲体育活动人数和提高其锻炼热情，加快休闲体育活动的顺利开展。

一、我国休闲体育社会规范与社会建制概述

（一）社会规范

“规范”一词起源于拉丁文“norma”。“规范”中的“规”指尺规，“范”指模具。现代汉语将规范解释为明文规定的标准或准则。规范有名词、动词和形容词三种词性。名词指明文规定或约定俗成的标准；动词指使某事合乎规范；形容词指合乎规范的。[1] 规范休闲是指符合社会伦理道德与和谐社会建设要求的休闲行为；失范休闲是指违反社会规范的休闲行为。关于“社会规范”概念的界定，不同的学科领域有不同的观点，凌文栓、郑晓明、方俐洛（2003）在《社会规范的

〔1〕 中国社会科学院语言研究所词典编辑室．现代汉语词典（第6版）［M］．北京：商务印书馆，2016：513.

跨文化比较》[1] 一文中，通过对诸多观点和文献的整理分析，总结出了四种具有代表性的观点。

哲学家的观点（P. Eduards，1967；冯锲，1991）：规范即范式，指社会成员共同遵守的一整套规定。这些规定决定社会成员的价值标准和共有信念。

社会学家的观点（F. Magill，1995）：社会规范在历史的推移中形成，固定了人的行为和活动的标准。社会规范执行过滤的、系统的、稳定的、选择的、评价的、调节的诸多功能，并限定着人与人之间的关系。

行为学家的观点（R. Gwin & P. Norton，1993）：社会规范指一个社会所有成员所共有的行为规范和标准。规范不仅可以强制性地约束人的行为，还可以内化为人的意识，使人主动遵守社会规范。

心理学家的观点（R. corsin，1994）：社会规范是一种文化价值标准、一种社会行为规范。社会成员可以接受也可以不接受社会规范的规定。

在上述观点中，哲学家和行为学家从存在形式、社会学家从起源和发展、心理学家从作用来定义社会规范。我们不难发现，在这四种观点中都有一个共同的要素：衡量标准。为此，我们认为，社会规范是指社会成员所共有的一套行为准则，是衡量人们社会行为和价值观念的标准。

（二）社会建制

“建制”一词由英文“institution”翻译而来，有“制度”“惯例”

---

〔1〕 凌文栓，郑晓明，方俐洛．社会规范的跨文化比较［J］．心理学报，2003，35（2）：246－254.

“规定”“机构”等意思。建制最初被应用到社会学中，代表了一种稳定的社会模式和安排，具有秩序性、组织性和物质内涵等特点。17 世纪时，科学独立形成了一种社会建制，因社会建制是一个特定的领域，因此科学保存并发展了相对独立的科学文化传统，这对于科学文化的传承和发展具有重要意义。“社会建制”一词被运用到不同的学科领域，由此对其产生不同的定义。社会建制指围绕着一个或一组价值发展的具有实践性的社会组织体系，目的在于管理规划和调整实践。[1] 另外，社会建制可以被理解为人类社会分工发展到一定阶段的产物。最初人类社会由于分工产生了某种特定的社会活动，且这种社会活动自身具有一定的规模和价值，从而得到了社会认可，成为一个新的特定的领域。这个领域具有符合自身特点的行为规范和组织结构，因此产生了社会建制。[2]

所谓社会建制，即某种社会活动因其具有一定的规模和价值而被社会认可，并形成一个新的特定的领域，并且这个领域拥有符合自身特点的社会组织结构、行为规范和价值准则。[3] 在社会学中，社会建制的含义基本上等同于社会制度，主要指社会组织制度。社会建制指为了满足某些基本的社会需要而形成的相关社会活动的组织系统，主要包括价值观念、组织系统、行为规范和物质支撑四大要素。[4] 在本课题的研究中，将借鉴这一定义，为探究休闲体育的社会建制提供理论依据。

---

〔1〕 亚历克斯·英克尔斯．社会学是什么［M］．陈观胜，李培荣，译．北京：中国社会科学出版社，1981：112.

〔2〕 唐莉．科学技术与工程社会建制的结构分析［D］．重庆：西南大学，2009：19.

〔3〕 冯向东．对科学文化和科学教育的思考——兼谈素质教育的几个问题［J］．高等教育研究，2003，24（2）：34－40.

〔4〕 许为民．当代自然辩证法［M］．杭州：浙江大学出版社，2011：19.

（三）我国休闲体育的社会规范现状

目前，我国对休闲体育项目的分类形式较多，并没有统一的标准，主要有以下几种分类形式。按照人们参与休闲体育活动的动机分类为：竞技、社交、放松、健身、娱乐、消遣、探新寻奇和寻求刺激等[1]；按参与者在活动中的身体状态分类为：观赏性活动（间接参与）、相对安静状态下的活动和运动性的活动[2]；以自然环境为标准分类为：水上类、陆地类和空中类休闲体育活动。

随着我国经济水平的提高，各种休闲体育服务业也应运而生。休闲体育服务市场在给人们提供便利的同时也存在一些问题：休闲体育活动缺乏质量监控及有效评估，经营组织的服务质量有待提高，服务供给不足，服务项目收费标准较高。[3] 上海市是我国社区体育开展最好的地区之一，但社区居民对社区体育公共服务仍有一些不满意的地方，例如：体育场地设施较差且数量较少、服务价格较高、服务产品与健身需求存在差距。[4]

由于休闲体育制度的不完善，目前我国在休闲体育的场地建设使用及场馆器材的管理、使用与维护方面存在一些问题：社区体育场地设施总量较少，人均体育场地面积较小；重视体育场馆、场地等硬件建设，

---

〔1〕 卢锋．休闲体育学［M］．北京：人民体育出版社，2005：98.

〔2〕 巫文辉，姚广军，刘岩．休闲体育［M］．哈尔滨：哈尔滨地图出版社，2005：30.

〔3〕 李相如，凌平，卢锋．休闲体育概论［M］．北京：高等教育出版社，2011：98.

〔4〕 沈建华．上海市体育公共服务的需求［J］．体育科研，2008（2）：37－41.

忽视健身氛围等软件建设；场地设施的制度规范不完善。[1] 我国公共体育场馆的责任、权利不统一，人员管理、事务管理和资金管理之间较分散；公共体育场馆重复建设，缺少多样化。[2]

1995 年，我国颁布实施了《中华人民共和国体育法》，我国的群众体育事业因此驶入了健康快速发展的快车道。2013 年 4 月 25 日，《中华人民共和国旅游法》由全国人民代表大会常务委员会通过，于 2013 年 10 月 1 日起正式实施，主要内容包括：规定了旅游者和旅游经营者的权利和义务，制定了旅游服务合同的内容及注意事项，制定了旅游纠纷的处理方法，以及违反本法应履行的法律责任。此法的颁布与实施，规范了旅游市场的秩序，促进了休闲旅游业的健康发展。

我国对于休闲体育的研究起步较晚，所以目前我国休闲体育的法律规范还很不完善，没有形成统一的社会规范。但目前与休闲体育相关的法律法规已开始相继颁布，这为我国完善休闲体育的社会规范起了重要的作用。

（四）休闲体育的社会建制和基本政策现状

2002 年，国务院发布了《关于进一步加强和改进新时期体育工作的意见》。其中提出："应构建多元化的体育服务体系、鼓励建设公益性体育场地设施、营利性体育经营组织的收费标准应考虑群众的经济承受力、加强体育队伍的作风建设。"

2003 年，国家体育总局下发了《关于创建社区体育俱乐部试点工

〔1〕 尹玲．关于我国社区体育场地设施存在问题的思考［J］．成都体育学院学报，2008，34（9）：28－31.

〔2〕 徐文强，陈元欣，张洪武，等．我国公共体育场馆经营现状及管理体制改革研究［J］．成都体育学院学报，2007，33（3）：1－6.

作的通知》，旨在实施《全民健身计划纲要》的第二期工程。提出应加强社区体育组织建设，满足人们日益增长的健身需求。社区体育俱乐部的兴起带动了社区体育的开展，为社区居民开展休闲体育活动提供了便利。

2009 年，为了促进全民健身活动的顺利开展，国务院颁布并实施了《全民健身条例》，保障了公民依法参与休闲体育活动的权利，规定每年的 8 月 8 日为全民健身日，并且当天公共体育设施免费向民众开放。《全民健身条例》的实施，进一步加大了人们参与体育活动的热情，提高了公民的身心素质，为休闲体育活动的开展提供了政策支持。

2011 年，国务院发布了《关于印发全民健身计划（2011—2015 年）的通知》。为进一步加强人们的健身意识，提高人们的身体素质，制定了一系列的方针政策。这一系列的措施说明我国高度重视全民健身的开展和落实，而全民健身的开展与休闲体育是分不开的，全民健身的活动绝大部分通过休闲体育的活动方式来体现，因此我国全民健身活动的广泛开展也推动了休闲体育的快速发展。

2013 年 2 月，国务院办公厅发布了《国民旅游休闲纲要（2013—2020 年)》，旨在通过一系列的政府措施，保障国民旅游休闲的时间和环境，提高旅游休闲的质量，促进旅游休闲产业的发展。此纲要的颁布与实施，促进了我国休闲旅游业的健康发展。

目前，我国休闲体育的社会建制还很不完善，陆续颁布的一系列与体育有关的方针政策，对休闲体育的顺利开展起到了重要的促进作用。本书将对我国休闲体育的社会规范和社会建制进行综合分析，并查阅国内和国外已颁布实施的与休闲体育相关的政策。在此基础上，对休闲体育的社会规范和社会建制提出自己的见解，分析休闲体育政策对休闲体育的影响，推测我国休闲体育政策的发展趋势。

二、对我国休闲体育社会规范与社会建制的分析

（一）休闲体育的社会规范

1. 休闲体育的项目规范和标准规范

（1）休闲体育的项目规范

其一，休闲体育项目的分类规范。

首先，休闲体育项目的传统分类规范。我国关于休闲体育项目系统的分类研究始于20世纪末。因此本书将2005年之前（包括2005年）关于休闲体育项目的分类研究称为休闲体育项目的传统分类规范，将2005年之后关于休闲体育项目的分类研究称为休闲体育项目的新兴分类规范。

我国休闲体育项目的分类形式众多，但都有其原则和依据。传统分类规范大致可分为以下四种：第一，按照参与者在活动中的身体状态分类，可分为观赏性的活动（活动形式为间接参与）、相对安静状态下的活动和运动性的活动。其中，观赏性的活动指观看有关休闲体育的比赛或表演；相对安静状态下的活动包括下棋、垂钓、饲养动物，以及用纸和笔进行的操作性活动（如书法、绘画等）；运动性的活动包括游戏竞争类、自然类、水上冰雪类和节奏类等活动。第二，按照内容分类，可分为陆域活动、水域活动和空域活动。其中，陆域活动包括以山林野外为背景的登山、郊游、定向徒步越野、山地自行车运动、滑雪、探险、滑冰等；水域活动包括划船、帆板、冲浪、潜水、钓鱼、木筏漂流、游泳等；空域活动包括跳伞、滑翔、热气球等。第三，按照活动的场所分类，可分为室内活动和野外活动。室内活动又分为徒手活动和借助器械活动，野外活动又分为空中活动、陆地活动和水上活动。第四，按照人

们参与的动机和目的分类，可分为健身塑身活动、放松活动、交际活动、体育娱乐活动、消遣活动、竞赛活动、寻求刺激活动和探新求异活动等。

在以上我国休闲体育项目的传统分类规范中，人们最初普遍认同的是第一种分类方法。而第四种分类方法的类别与类别之间既相互联系又相互区别，有较为明确的界定规范。

其次，休闲体育项目的新兴分类规范。休闲体育项目的新兴分类规范大致可分为以下几种：第一，在传统分类规范的第三种方法中作出补充，按照参与形式分为观赏性活动和参与性活动，观赏性活动即在室内进行的活动。室内活动又分为徒手活动和借助器械活动；室外活动又分为空中、陆地和水上活动。第二，按照活动中所需要的身体能力分类，可分为体能类活动和技能类活动，其中体能类活动又分为速度型活动和耐力型活动，技能类活动又分为表现型活动和对抗型活动。第三，按照得分方法分类，可分为命中类、测量类、得分类、评分类和制胜类活动。第四，按照动力源分类，可分为动力类、无动力类、半自然类和自然类活动。第五，按照活动的动机和目的分类，可分为健身型、竞赛型、娱乐型、观赏型、闲情型和拓展型活动。第六，以自然环境为标准分类，可分为水上类、陆地类和空中类休闲体育活动。其中，水上类休闲体育活动又分为水面下、水面上和混合前两种的水中活动；陆地类休闲体育活动又分为雪上、冰上、丘陵、山地、公路、草地和沙地休闲体育项目；空中类休闲体育活动又分为以生物能为动力进行的休闲体育项目和以非生物能为主要动力进行的休闲体育项目。

我国关于休闲体育项目的分类规范形式众多，并没有统一的分类标准。随着时代的发展，人们生活水平的不断提高，各种新颖的休闲体育活动形式应运而生。因此对于休闲体育项目的分类规范也要不断作出调整，以适应休闲体育活动广泛快速发展的需要。

其二，休闲体育项目的实施规范。

首先，休闲体育参与者的实施规范。参与者是休闲体育活动的主体，参与者在进行休闲体育活动时，应遵守一定的社会准则或标准。北美学者兰德伯格与他的合作者在1934年对于判断什么是好的或令人满意的休闲活动提出了7个标准，即快乐、改进、身份、社会化、娱憩、创造性、精神。我国学者李仲广、卢昌崇在这7个标准的基础上又增加了3个标准，即体验、有效利用闲暇时间和自我实现，共10个标准。本书将借鉴这10个标准[1]，明确休闲体育参与者的实施规范。

休闲体育参与者的实施规范可概括为三个方面，即身体规范、心理规范和道德规范。其中，身体规范又包括健康和节制，心理规范又包括快乐和自我实现，道德规范又包括良心监督、不损坏和尊重差异（图3－1）。

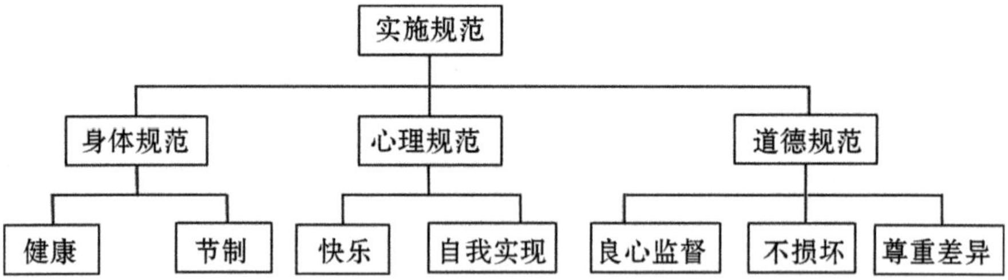

图3－1　休闲体育参与者的实施规范

①健康：美国学者杰弗瑞·戈比说过，“休闲生活可以成为紧张生活和疾病之间的缓冲”[2]。健康是一个人参加休闲体育活动最基本的目的。健康规范即要求参与者在进行休闲体育活动时，能保证活动效果有益于，最起码不损坏自己和他人的健康。

---

〔1〕李仲广，卢昌崇．基础休闲学［M］．北京：社会科学文献出版社，2004.

〔2〕杰弗瑞·戈比．你生命中的休闲［M］．康筝，田松，译．昆明：云南人民出版社，2000：14.

②节制：节制规范也可以理解为反对享乐主义，享乐主义主张放纵人的各种欲望。这跟人的自制力有直接关系，例如一个人如果沉迷于电子竞技游戏，就有可能出现上瘾的现象。这种现象就如同通过药物、酒精使人上瘾一样，反复循环，丧失时间感，最后失去自制力。因此在进行休闲体育活动的过程中应注意合理的节制，而节制的程度是否合理，应以是否影响身心健康为度。

③快乐：休闲被认为是快乐、幸福与自由等人类发展目的的源泉，所以人们在进行休闲体育活动过程中，精神上应当是愉悦、快乐的。人们选择休闲体育活动的原因之一就是快乐，同时快乐也是休闲体育活动的一个结果。兴趣是最好的老师，是天才的妹妹，是创造的摇篮。所以人们选择自己喜爱的活动项目，可以培养出关于这个项目的专业技能和审美情趣，如果再进一步发展下去，就有可能创造出一些意想不到的休闲体育项目来。

④自我实现：自我实现指发挥自身潜力并表现自己才能的过程。当一个人的潜力被充分发挥出来时，就会感受到很大的满足。休闲体育理应促进休闲体育活动主体的自我实现和自我发展。获得自我实现的方式就是身临其境、积极投入乃至忘我的“沉浸感”，使人获得“舒畅”的情感体验。

⑤良心监督：良心是每一个正常人都应具备的最基本的道德素质，是一种内在的有关善与恶、正与邪的理性判断和评价。个体生活是社会生活的组成部分，因此休闲体育活动的参与者在进行休闲体育活动时，与其他参与者或经营者之间必然会发生直接或间接的联系。若产生纠纷，如果没有良心的监督，参与者的行为就容易失控，就可能破坏正常的休闲体育秩序，并损害他人的利益。

⑥不损坏：不损坏即不损害他人的利益。一是不损坏他人的安宁，不影响他人的正常生活秩序。二是不损坏他人的和公共的财物。休闲体

育活动以物质为基础，爱护他人的和公共的财物也是对自身休闲体育价值的一种肯定。三是不败坏社会风气。休闲体育活动的参与者对活动项目的选择会受到社会风气的影响，因此要做到不损坏，并努力改善和优化社会风气，使之成为参与者自身的责任。

⑦尊重差异：尊重差异包括三个方面。一是每个参与者都有自由选择休闲体育项目的权利，自己应做到不盲从且尊重他人的选择；二是尊重不同的参与者对休闲体育资源占有上的差异；三是尊重休闲体育资源自身的差异，不应试图去改变或破坏它。

其次，休闲体育服务者的实施规范。服务作为一种复杂的社会现象，广泛地存在于人们的日常生活中。休闲体育服务是休闲体育服务组织为人们的休闲体育活动创造场景，并提供便利和帮助的各种活动与行为。提供休闲体育服务的机构就是休闲体育服务组织，提供休闲体育服务的人就是休闲体育服务者。休闲体育服务者包括志愿服务者和职业化服务者。

休闲体育服务者作为休闲体育活动的参与者与休闲体育服务组织的中介，对参与者获得良好的身心效果有着重要的作用。因此休闲体育服务者在实施休闲体育服务的过程中，也应遵守一定的社会规范。这种社会规范包括显性服务规范和隐性服务规范。

显性服务指服务的效果可以通过感官察觉到。如通过锻炼以后身体素质有所提高，动作技术逐渐娴熟，身体形态日渐优美等。这就要求服务者在服务的过程中了解并熟悉参与者的体质特征、健康需求和健美期望，并制定准确的服务供应战略，在服务的过程中对症下药，找到最适合参与者的服务方法。

隐性服务指服务的效果，参与者可以在精神上感觉到，获得精神上的收获。如参与者接受服务以后，在精神上感到愉悦，压力得到了释放，有充实感和满足感。这就要求服务者在服务的过程中了解参与者的精神状态和精神需求，针对参与者的兴趣爱好，挑选参与者感兴趣的服务方式。如在锻炼的过程中可以选择参与者感兴趣的音乐或环境，在服务的过程中与参与者多进行互动，以此来提高参与者的参与兴趣，满足其精神上的需求，使其在心理上获得满足感。

（2）休闲体育的标准规范

其一，休闲体育市场开发标准规范。

首先，休闲体育市场营销标准规范。休闲体育市场营销指休闲体育经营组织为实现目标，满足消费者需求，针对休闲体育的产品价格、分销和促销所进行的一系列活动的策划、实施和控制。休闲体育市场营销主要由休闲体育产品、产品价格、产品营销渠道和产品促销四个因素构成。[1] 休闲体育的市场营销组织在向消费者营销的过程中也应遵守一定的社会规范，可以根据休闲体育市场营销的组成因素，对其标准规范进行界定。

休闲体育产品规范：凡是为满足人们进行休闲体育活动的需要而生产出来的产品，都可以称为休闲体育产品，包括休闲体育用品、休闲体育信息和休闲体育场馆等。休闲体育产品的外在特征是品牌形象，产品的质量与品牌密不可分。每种产品都应遵守相关的准则：第一，为保证产品的合法性，每种品牌都应注册商标；第二，品牌的名称应该便于记忆，并能产生积极的联想，如以运动员名字来命名，如“李宁”运动服系列；第三，若品牌以城市名字来命名，那么名称应与城市的形象保持一致，如“北京现代”汽车。

休闲体育产品价格规范：产品价格的制定应考虑成本因素、销售目标、消费者需求和同行竞争等多种因素，以此来制定一个合理的产品价

[1] 李荣日，王笑梅，朱振伟．体育市场营销实务［M］．天津：天津科学技术出版社，2005：76.

格。产品价格不宜过高，如果产品价格远远超出产品价值，会使多数消费者望而生畏，过高的价格也会损失一些消费群体，并引来更多的竞争者。如山东电视台举办的《快乐向前冲》《足球九宫格》等节目，其价格门槛是非常低的。

休闲体育产品营销渠道规范：营销渠道的选择应考虑经营的战略目标。经营单位应根据自身的战略目标，结合自身产品及产品定价，选择正确的营销渠道。规范应考察影响营销渠道的因素，包括休闲体育的市场特征、自身产品的特征和经营单位自身的特征。选择中间商时应考虑可选择的中间商的数目和类型，以及中间商的商业信誉、销售对象、竞争情况和经营能力。规范应考虑到渠道的管理和控制。渠道的管理即经营单位激励中间商积极销售，当与中间商发生冲突时，能及时解决问题；渠道的控制即经营单位对与营销渠道有关的一切活动进行制约。规范要考虑渠道调整。休闲体育市场不可能一成不变，休闲体育经营单位应及时对营销渠道中的成员或环节进行调整。

休闲体育产品促销规范：促销是休闲体育经营中不可缺少的一个环节，即使产品质量好，价格合理，如果促销不到位，也有可能会前功尽弃。因此经营单位应对产品的信息进行传播，帮助消费者熟悉甚至购买产品。对休闲体育产品的促销，应注意以下几方面：制订促销方案；选择人员或非人员的促销手段；评估促销的效果，了解促销的成本与最低应达到的效果；对促销活动进行完整的记录。

其次，休闲体育市场监督标准规范。休闲体育市场监督即休闲体育市场监督管理机构依据我国的法规政策，对休闲体育市场进行监督管理。休闲体育市场监督管理机构在监督管理的过程中也应当遵守一定的标准规范。

应保障休闲体育市场监督管理队伍的素质，以此来适应日新月异的时代背景下休闲体育市场监督工作的要求。休闲体育市场监督人员应掌握基本的休闲体育经济方面的知识和休闲体育市场监督管理理论。应着重培养监督管理人员的专业基础素质，提高其执法能力和管理能力。

应保障休闲体育市场的监督效率。在保障监督效率的前提下，可将竞争机制引入休闲体育市场监督管理中来。这种办法可避免监督管理人员行为懈怠，并注意监督管理方法的创新，以此来提高监督效率。[1]

其二，休闲体育场地设施标准规范。

①休闲体育场地设施建设标准规范。休闲体育场地设施是人们进行休闲体育活动的基本物质基础，无论进行哪一种休闲体育活动，都不可能在不借助外部环境的条件下独立完成。我们以自然环境为标准分类，将休闲体育活动分为水上类、陆地类和空中类三类。这三类休闲体育活动借助的场地设施在建设过程中应有其标准规范。在建设场地时，如果条件允许，应按照国家规定的标准来建设；如果条件不允许，也要按照非标准场地的规格来建设。

- 水上类休闲体育活动：水上类休闲体育活动范围又可分为水面下、水面上和水中三大类。例如游泳项目，如果条件允许，可按照标准的游泳比赛场地的规格来建设场地；如果条件不允许，也要遵守非标准游泳池的建造条件，如要有一定面积的空地、充足的水源、位置适中、地基稳固、有防护围墙等。

- 陆地类休闲体育活动：陆地类休闲体育活动包含的种类繁多，活动地点又可分为冰上、雪上、山地、草地、沙地、丘陵、公路和场地等。例如高山滑雪项目，它的场地要求有数量不等的滑雪道，滑雪道又分为初级、中级和高级，分别有不同的长度、宽度、弯度和坡度的设计要求。雪层的覆盖要确保安全和舒适，要经常检查维修，要定期压雪和

---

〔1〕 赵文胜．我国体育市场监督管理体制探讨［J］．体育与科学，2005，26(5)：45－47.

修整。

● 空中类休闲体育活动：空中类休闲体育活动需要借助飞行工具，离开地面或水面，在大气层内进行。这一类活动危险性大，对器材的要求较高。例如跳伞运动，需要有四个基本装备：背带、容器、主伞盖和备用伞盖。除这四个装备外，还应具备主开伞索或固定开伞索和挂钩、备用手柄、切断手柄、自动激活设备、前后升降器、护头装置、高度计和卫星定位仪等设备来保障跳伞的安全和成功。[1]

上述三大类活动的场地设施，无论哪一种都应该按照国家规定或审定的场地设施的标准规格来建造，应保证环境的安全与清新，最重要的是确保参与者的安全。

②休闲体育场地设施使用标准规范。参与者在使用休闲体育场地设施时，也应遵守一定的标准规范。同样以自然环境为标准分类，将休闲体育活动分为水上类、陆地类和空中类三类。参与者在进行这三类活动时，不仅要注意场地器材的保护与使用，也应注意自身的安全。

● 水上类休闲体育活动：由于水上类项目都与水有关，在水上或水中进行，所以参与者应注意水环境的保护。在活动过程中，参与者要确保自身安全，例如参与者在进行潜泳时，首先应确保自身身体和精神处于良好的状态，具备良好的游泳技术能力，熟悉水中环境与情况，应戴上潜水面镜或游泳眼镜，当出现受伤、寒冷等不适的症状时不可慌张，应立即浮出水面，必要时可在救生员的帮助下回到陆地进行处置。

● 陆地类休闲体育活动：陆地类休闲体育活动范围较广，无论进行哪一种活动，都应遵守活动场地设施的使用规定。例如对于田径场地内的草坪，活动者不得穿高跟鞋、带宠物或骑自行车进入，禁止机动车

〔1〕 李相如，凌平，卢锋．休闲体育概论［M］．北京：高等教育出版社，2011：121.

辆进入，不能在场地内吸烟或乱丢垃圾等。

• 空中类休闲体育活动：空中类休闲体育活动都是在空中进行的，所以参与者在活动过程中，除了要爱护空中环境外，还要注意飞行器具的使用，熟练掌握各种器具的使用方法和操作顺序。由于这类活动项目的危险性较高，在正式试飞之前，一定要有专业的培训或指导，确保参与者具备一定的专业技能以保护自身的安全。

2. 休闲体育的制度规范、法律规范和基本政策

（1）休闲体育的制度规范

其一，休闲体育服务制度规范。

①职业道德、法律素养与休闲体育服务。职业道德包括符合自身职业特点的职业道德情操、道德准则和道德品质三个方面。无论从事哪一种行业，都应遵守本行业的道德规范。例如，裁判员应遵守严肃、认真、公正、准确的职业道德，教师应遵守关爱学生、为人师表、教书育人的职业道德。法律素养即个人理解和运用法律的能力，包括法律知识、法律观念和法律信仰。

• 职业道德与休闲体育服务：职业道德可以调节休闲体育服务人员与服务对象，以及服务人员内部之间的关系。提高休闲体育服务人员的职业道德，有助于融洽活动参与者之间的关系，使参与者在身体和精神上都能感到愉悦；有助于从整体上提高休闲体育服务的质量和水平，维护并提高休闲体育服务业的信誉。

• 法律素养与休闲体育服务：在现代社会中，我们的衣食住行都与法律息息相关，各行各业都被纳入法制轨道。提高休闲体育服务人员的法律素养，有助于提高服务人员的服务水平；有助于提高防范事故发生、应对紧急和突发事件的能力；有助于提高解决工作中出现的纠纷事件的能力；有助于提高和强化运用法律武器保护自身及休闲体育服务组织合法权益的意识。

②休闲体育服务人员个人礼仪形象规范。主要包括：仪容规范、服饰规范、仪态规范和语言规范。[1]

③休闲体育岗位服务礼仪规范。岗位服务礼仪规范指服务人员面对服务对象时应遵守的服务要求和服务标准。休闲体育岗位服务礼仪规范包括服务人员的态度、专业知识和专业技术。休闲体育岗位服务礼仪规范可按服务过程的不同阶段来划分，包括岗前准备规范、岗位服务礼仪规范和离岗工作规范。

除上述提到的之外，休闲体育的岗位服务还会涉及电话服务项工作。

其二，休闲体育场馆制度规范。

①休闲体育场馆使用制度规范。休闲体育场馆的使用制度用来规定场馆的使用人员、使用的时间及应注意的事项。休闲体育场馆的使用制度主要针对休闲体育参与者和服务者而言，具体应有卫生规范、用具规范、安全规范。

②休闲体育场馆维护制度规范。维护的目的是使场馆内的器材设施保持清洁和运转正常，是场馆正常运转的保证。大部分情况下对于场馆的维护，应安排在不对外开放运营的时间或者选择特定的时间，这样可以较集中地进行维护与保养。

其三，休闲体育器材制度规范。

①休闲体育器材管理制度规范。休闲体育的器材同休闲体育的场地一样重要，是人们进行休闲体育活动不可缺少的物质基础。对休闲体育器材进行科学管理，才能保证休闲体育活动顺利地开展。休闲体育器材

---

〔1〕 闫旭峰．休闲体育服务礼仪与技能［M］．北京：中国劳动社会保障出版社，2005：98.

的管理制度规范，可按器材由购置到检查的顺序进行制定。

②休闲体育器材使用制度规范。休闲体育器材的使用主体是休闲体育活动者，但器材的使用制度规范应涉及活动者和经营者。

③休闲体育器材维护制度规范。对休闲体育器材进行维护可延长其使用寿命，可根据器材的不同材质进行维护。

其四，休闲体育行为规范。

①日常生活中居民行为规范。日常生活中居民的行为规范应包括以下内容：讲普通话；用语文明；尊重他人；团结友爱；节约用水、用电；爱护环境；保持院落、小区环境整洁；爱护花草树木；爱护公共设施；不酗酒、赌博；不制造噪声，文明娱乐；遵守交通法规；与邻里和睦相处；注意消防安全；不建设或入住违章建筑，不违规饲养动物等。[1]

②休闲体育中居民行为规范。休闲体育行为是人们为增进身心健康，以完善自我为目的而表现出来的身体活动。在休闲体育中，居民的行为规范可分为态度规范和主体规范。

- 态度规范：人们对休闲体育所持有的态度是决定个体休闲体育的最重要的因素。人们进行休闲体育活动，首先要有一个正确的态度，对休闲体育有一个正确的认识。进行休闲体育活动，可以使参与者体会到身心愉悦和轻松自在的正面感受，有助于强身健体和心理疲劳的恢复。

- 主体规范：人们进行休闲体育活动，首先，应掌握与活动内容有关的运动技能，并了解有关的理论知识；其次，要做到不损坏并爱护场地器材设施，在锻炼过程中注意减少磨损；再次，在活动过程中应与他人友好相处，如涉及团队合作，应有团队精神和互帮互助意识；最

[1] 杨兴举．毕节公民手册［M］．贵阳：贵州人民出版社，2003：17.

后，应有安全意识，在锻炼过程中应学会自我保护和对他人的保护与帮助，掌握正确的运动技能，正确使用器材、设施或设备。

（2）休闲体育的法律规范

其一，休闲体育法律规范的内容。法律作为一种社会规范，存在于社会的各个方面，时刻约束和影响着人们的学习、工作和生活。休闲体育的法律规范应包括休闲体育基本法律规范和休闲体育行业法律规范。目前，我国并没有专门针对休闲体育的法律规范，依照体育相关的法律规范，本书认为目前我国休闲体育立法的重点应主要包括以下内容。

①对国家而言，国家应保障公民参与休闲体育活动的权利；提倡公民参加休闲体育活动；鼓励休闲体育科学研究，并对有贡献的组织或个人给予奖励；实行休闲体育指导员技术等级制度，由休闲体育指导员对休闲体育活动进行指导；重视并鼓励开展民族传统休闲体育项目；设立专门用于休闲体育事业的资金，并对其加强管理；鼓励休闲体育经营组织自筹资金发展休闲体育事业；鼓励各类院校开设休闲体育专业，培养休闲体育专业人才。

②对各级地方人民政府而言，各级地方人民政府应保障公民参与休闲体育活动的权利；积极为休闲体育活动的开展提供必要的条件，建设休闲体育设施；应对休闲体育活动加强管理和监督；应确保公民获得的休闲体育活动机会是高质量的；应确保公民掌握必要的休闲体育知识和技术；应确保将来公民开展休闲体育活动的可行性；应确保休闲体育方面专业人员帮助公民进行休闲体育活动；活动中若有触犯法律的行为，应依法进行批评教育、处罚或追究刑事责任。

③对公民而言，所有公民都有依法进行休闲体育活动的权利，公民有权利获得所有关于休闲体育活动本质及休闲体育机会的信息。

其二，休闲体育法律规范的制定。

①谁来主导制定休闲体育的法规政策。参照我国《立法法》第七

条："全国人民代表大会制定和修改……基本法律；全国人民代表大会常务委员会制定和修改……其他法律。"[1]

②谁主管休闲体育的日常业务与管理。参照我国《体育法》第四条："……各级人民政府体育行政部门……主管本行政区域内的体育工作。"[2]

③谁负责休闲体育设施的规划与管理。参照2000年实施的《北京市体育设施管理条例》第四条说明："市和区、县体育行政部门是体育设施管理工作的主管部门。"第七条规定："市体育行政部门应当根据本市城市规划……报市人民政府批准后组织实施；区、县人民政府……编制本区、县的公共体育设施发展规划。"[3] 因此，城市休闲体育设施的规划应由本市政府负责，区、县的休闲体育设施的规划应由区、县人民政府负责；休闲体育设施的管理应由市和区、县的体育行政部门主管。

④谁负责国民休闲体育经费预算与分配。参照我国《体育法》第四十一条："县级以上各级人民政府应当将体育事业经费……列入本级财政预算。"因此，我国休闲体育经费的预算与分配应当由县级以上各级人民政府负责。

其三，休闲体育法律规范的实施。休闲体育法律规范的实施是指休闲体育法律在社会生活中得到贯彻和实现的过程。只有这样，休闲体育法律规范的制定才有意义，才能发挥它的实际作用。实施的基本原则就是法律面前人人平等。休闲体育法律规范实施的主体是人，包括国家机关及其工作人员、社会组织和公民。实施的方式包括两种，一种是国家

---

〔1〕 中华人民共和国立法法［EB/OL］. http：//www. gov. cn.

〔2〕 中华人民共和国体育法［EB/OL］. http：//www. chinalawedu. com.

〔3〕 北京市体育设施管理条例［EB/OL］. http：//www. chinalawedu. com.

机关及其工作人员运用休闲体育的法律规范来解决实际问题，即休闲体育法律的适用；另一种是包括国家机关及其工作人员在内的全体公民，在休闲体育活动过程中，运用休闲体育的法律规范来约束和控制自己的行为，即休闲体育法律规范的遵守。

（3）休闲体育的基本政策

其一，国内外休闲体育政策的历史演化。

首先分析国内休闲体育政策的历史演变。1995 年，国务院颁布了《全民健身计划纲要》，制定了从 1995 年到 2010 年，历时 15 年两个阶段的目标：全面提高国民体质与健康水平，基本建成具有中国特色的全民健身体系。《全民健身计划纲要》旨在发展全民健身事业，提高参与体育活动的人数，增加体育活动的时间，改善体育活动的环境和条件。《全民健身计划纲要》的实施，使我国的群众体育事业迈入健康发展的快车道。

2016 年，国务院印发并实施了《全民健身计划（2016—2020 年）》。为进一步加强人们的健身意识，提高人们的身体素质，制定了一系列的方针政策。这一系列的措施说明，我国高度重视全民健身的开展和落实，而全民健身的开展与休闲体育是分不开的，全民健身的活动方式绝大部分通过休闲体育的活动方式来体现。因此，我国全民健身活动的开展也推动了休闲体育的快速发展。

2011 年，山东省人民政府发布了关于印发《山东省国民休闲发展纲要》的通知。为促进国民休闲的发展，此纲要制定了一系列的任务和措施，如培养国民休闲意识、加强公共休闲设施建设、扩大休闲产业规模等。

2013 年 2 月，国务院办公厅发布了《国民旅游休闲纲要（2013—2020 年）》，旨在通过一系列的政府措施，保障国民旅游休闲的时间和环境，提高旅游休闲的质量，促进旅游休闲产业的发展，力求到 2020

年，将职工的带薪年休假制度基本落实。此纲要的颁布与实施，促进了我国休闲旅游业的健康发展，以此带动了休闲体育产业的整体发展。

再分析国外休闲体育政策的历史演变。

英国休闲体育政策的历史演变：1841 年，英国国会通过了“都市公园——城市之肺”的法案。1843 年，世界园林史上的第一座城市公园——伯肯海德公园在利物浦市建成，供人们免费使用。自 1847 年起，英国各地方政府兴建公园，并鼓励人们在闲暇时间在公园内进行各种休闲体育运动。1906 年，英国政府开始实施《公共场地开放条例》，要求各地方政府为人们提供可开放使用的休闲体育和娱乐设施。1937 年，英国政府通过《体育培训和游憩法案》，“游憩”一词首次被运用到英国政府的法案中。此后，英国政府允许为休闲设施提供免费或付费的土地。1975 年，英国政府发表《体育运动和娱乐白皮书》，指出休闲体育活动对社会稳定和民众健康的重要性。2002 年，英国首相布莱尔提出“更加重视《体育运动和娱乐白皮书》发表以来的体育事业”。英国政府对休闲体育的认识不再局限于其对身体带来的健康，而是更加注重人们的精神需要和社会发展需要。

美国休闲体育政策的历史演变：美国是现代意义上的城市公园的起源地。19 世纪时，美国景观设计学的奠基人奥姆斯特德领导了城市公园运动，从而有大量的城市公园产生，美国政府进而实施各种政策鼓励各地建设公园。[1] 奥姆斯特德不仅是美国“风景园林之父”，同时也是美国“绿道运动之父”，他规划了被称为“绿宝石项链”的波士顿公园系统。自 20 世纪 80 年代起，美国政府就将绿道事业视为重要的经济产业，制定了相关法规，采取了许多措施，以推动绿道建设的发展。此外，日本、新加坡、德国等国也相继建设了绿道。1905 年，美国成立

---

[1] 城市公园［EB/OL］. http：//baike. baidu. com.

森林服务系统，拓宽了户外活动的空间。1916 年，美国成立了国家公园服务机构，加速了户外休闲运动的发展。1921 年，美国国家公园管理局的奠基人斯蒂芬·梅瑟提倡召开以公园为主题的会议，进一步明确了国家公园的政府责任，并制订了开展休闲运动的计划方案。2005 年，美国国会通过了《2005 美国户外休闲政策法案》，着重于增加公众的休闲机会，保障公众参与休闲活动的数量，并提高其质量。自此，美国休闲活动有了全国性的约束机制。

此外，自 1919 年起，欧洲所有国家开始实行 8 小时工作制，并逐渐将这一举措法律化。这一举措保障了人们参与休闲体育运动的时间。1965 年，挪威政府发布了《挪威大众体育战略目标》，要求全体挪威公民在闲暇时间内积极健身，享受运动带给人们的身体和精神上的乐趣。1970 年，世界休闲组织发布的《休闲宪章》，强调了政府保障人们休闲权利的职能，以及休闲对于个人身心健康和生活的重要性。自 20 世纪 80 年代以来，各国都修改或增补了相关的法律法规，以满足人们对休闲体育的需要。事实证明，这一系列的举措在很大程度上加大了人们参与休闲体育活动的热情，提高了国民身体素质，促进休闲体育活动迅速开展起来。

其二，我国休闲体育政策法规实施现状。

根据我国休闲体育政策的表现形式可知，休闲体育政策由两方面构成，即载体和内容。

休闲体育政策以国务院或国家体育总局颁布的法规、纲要、指令、通知、公告、决定、指示、决议、条例等各类文件为载体，比如国家体育总局发布的《关于加快我国休闲体育事业发展的有关决定》。

休闲体育政策的内容体现在关于休闲体育的各种详细的规定，例如对人们闲暇时间的保障，对休闲体育活动的数量和质量的保障，对休闲体育设施的建设，对休闲体育经费的投入等规定。如《全民健身计划

(2011—2015 年)》对参与体育锻炼的次数、每次的时间、健身的内容、建设公共体育设施、资金的投入等方面都做了详细的规定。

下面来分析我国休闲体育政策的基本特点。

亲民化。无论是《全民健身计划纲要》《全民健身计划(2011—2015 年)》还是《国民旅游休闲纲要(2013—2020 年)》,都坚持以人民为根本。其中的内容都是从公民的角度来考虑,例如公民健身的时间、次数,健身的设施、场地等方面,无不体现出了亲民、利民、便民的价值取向。

人性化。休闲体育,顾名思义,着重的是休闲。因此,制定的休闲体育政策没有像竞技体育政策那样具有硬性规定,更多的是道德层面上的约束,更贴近生活,也更加休闲化。不仅重视人们的身体锻炼需要,还同样重视人们的精神需要,着重使人们达到身心愉悦的效果。

持续性。《全民健身计划纲要》将健身计划分两个阶段进行,分别是 1995—2000 年、2000—2010 年,历时 15 年。每个阶段都有相应的目标和任务,而这两个阶段在时间和内容上也具有衔接性。《全民健身计划(2011—2015 年)》在 2011 年开始实施,紧接着《全民健身计划纲要》被颁布,并且继续规定了从 2011 年到 2015 年的目标和任务。

落实化。政策如果不得到落实,那就永远是一张白纸。从我国休闲体育的普及程度来看,休闲体育政策已得到良好的落实,休闲体育已成为人们日常生活中必不可少的一部分,在公园、俱乐部以及体育场馆内随处可见人们锻炼的身影。人们对锻炼时间的选择越来越灵活,锻炼的地点也越来越便利。休闲体育设施建设在大中小城市日益完善,很多城市社区和农村社区打造了“10~20 分钟的健身圈”,使更多的人可以就近参与休闲体育运动。

虽然目前我国休闲体育正在顺利地进行,但关于休闲体育的政策仍存在一些问题需要解决,具体分为以下两个方面。

第一个方面，休闲体育场馆设施的供应问题。据国家体育总局统计，2010 年，我国各类体育场地总数超过 100 万个，人均体育场馆面积为 1.2 平方米。而 2015 年，全国体育场馆增加至 188 万个，总场馆面积达到 21.53 亿平方米，人均体育场馆面积达到 1.57 平方米。[1] 虽然这些数字与新中国成立初期相比有了很大的提高，但人们在生活当中真正可以自由使用的场馆设施仍然比较少。群众体育设施的总量不足，社会开放度不够，并且区域之间、城乡之间出现严重的偏差，中西部地区体育设施最为短缺。有相当一部分场馆是长期为竞技体育服务的，用于国际体育比赛的大型场馆有 6000 多个，但用于满足一般城市居民进行体育活动的场地却严重不足。因此，如何尽快完善休闲体育设施是一个迫切需要解决的问题。

第二个方面，休闲体育发展战略规划问题。虽然《全民健身计划纲要》《全民健身计划（2016—2020 年）》《国民旅游休闲纲要（2013—2020 年）》都有了时间和任务上的衔接，如《国民旅游休闲纲要（2013—2020 年）》提出，到 2020 年，职工带薪年休假制度基本落实。但要从整体上提高我国的休闲体育发展水平，还需要更长远的规划。如德国将场馆的建设规划分为三期，历时四十年的规划正逐渐完成。我国目前正在实施的“十三五”规划可以细分到每一年需要完成什么，需要达到什么样的程度，这样分为更为细致的小阶段目标，更有利于休闲体育目标与任务的完成。

其三，休闲体育政策对休闲体育的影响。

①分析对居民休闲体育方式的影响。

居民的休闲体育意识逐渐增强。全民健身计划旨在增强人民体质，

---

〔1〕 2017 年中国体育场馆行业发展现状分析［EB/OL］. http://www.chyxx.com/industry/201706/531493.html. 2017-6-13.

增加锻炼的人数，不仅以青少年和儿童为重点对象，同样重视农民、军人、妇女和老年人的体育锻炼情况。随着我国对全民健身计划的不断宣传，人们越来越重视身体和精神上的健康。

休闲体育活动项目逐渐丰富多彩。20 世纪，人们的休闲体育活动项目较为单一，大部分集中在乒乓球、篮球、游泳等方面。进入 21 世纪，人们已不再满足于这些项目，而是逐渐参与到一些具有娱乐性和个性化的项目中，例如瑜伽、舞蹈、各种户外运动和水上运动等。

对活动场所的选择更加灵活。我国政策规定，加大公共体育设施建设的投入，提高公共体育设施的使用率和开放率。公共体育设施的增加在很大程度上为人们进行休闲体育活动提供了便利，人们可以就近选择锻炼场所。

提高了休闲体育消费的支出。随着人们休闲体育意识的增强，对休闲体育的经济投入也随之增加。“请人吃饭不如请人流汗”“花钱买健康”，进行“体质建设投资”等观念已渐渐深入人心。越来越多的人们选择去健身房，或其他营利性运动场所锻炼身体，休闲体育的整体消费水平也随之提高。

②分析对休闲体育社团组织的影响。

休闲体育组织体系更加健全。休闲体育政策的实施离不开休闲体育组织，完整有效的组织体系有助于提高组织管理效率，完成组织管理任务和目标。目前，我国各地都普遍建有单项体育协会、体育总会、老年人体协等各种体育协会社团，俱乐部、健身站也越来越多，全民健身组织体系愈发健全。

社区休闲体育组织由政府主导。目前我国已出现许多市场化和具有商业性质的休闲体育组织体系，由休闲体育社团组织进行管理，政府采取立法的方式介入。但休闲体育的社团组织的管理者仍为各级人民政府，政府管理虽然效果明显，使社区休闲体育组织得以稳定发展，但也在一定程度上限制了它的发展，抑制了人们对休闲体育的多元化需求。

③分析对休闲体育活动设施的影响。

休闲体育活动设施在数量上有所增加。据国家体育总局统计，2015年，我国体育场馆总面积为21.53亿平方米，按照2015年全国137462万的人口总数计算，2015年我国人均体育场馆面积为1.57平方米。根据相关部门的预测，到2025年，我国的人均体育场馆面积将达到2平方米以上，但和发达国家相比仍有较大差距，因此必须继续加大体育活动设施的投入力度，满足人们的健身需求。[1]

休闲体育活动设施的开放程度有所提高。我国2003年实施的《公共文化体育设施条例》规定，公共文化体育设施应该根据自身特点、功能向公众开放，并公布开放时间和服务内容。[2] 在《全民健身计划(2011—2015年)》中也有相应规定：公共体育设施应在一定的时间范围内，对老年人、学生和残疾人优惠，或免费对其开放。

④分析对休闲体育产业结构的影响。

我国休闲体育产业分为休闲体育服务产业和休闲体育用品产业。休闲体育服务产业又包括体育赛事、休闲健身、体育旅游等产业。休闲体育用品产业指用于休闲体育的服装鞋帽、设施、器材等产业。1993年国家体委发布的《国家体委关于培育体育市场、加速体育产业化进程的意见》以及1995年国家体育总局发布的《1995—2010年体育产业发展纲要》等政策，使休闲体育产业在政府政策的指导和保障下得以正常运转，我国休闲体育产业结构已形成初步的结构体系。国家体育总局通报的全国体育及相关产业专项调查的数据显示，截至2017年，我国

---

[1] 关于印发“十二五”公共体育设施建设规划的通知［EB/OL］. http：//www. sports. cnr. cn.

[2] 公共文化体育设施条例［EB/OL］. http：//www. gov. cn.

体育及相关产业各领域增加值的构成中，体育用品占的比例最多，体育场馆建筑、体育场馆管理活动等占的比例相当小。[1] 这说明我国休闲体育产业结构虽然已经完善，但却不合理，仍存在巨大的发展空间。

⑤分析对休闲体育教育模式的影响。

我国的休闲体育教育模式可分为学校教育和社会教育。

学校教育模式即我国部分高校开设休闲体育专业或其相关专业，通过课程和实践教育培养休闲体育专业人才。《中华人民共和国体育法》第四十八条规定：“国家发展体育专业教育，建立各类体育专业院校、系、科。”自2007年武汉体育学院、广州体育学院开设休闲体育专业以来，上海体育学院、沈阳体育学院和首都体育学院于2008年相继开设该专业，到目前为止，我国已有35所高校开设了本科休闲体育专业，开设休闲体育专业成为高校的共识。目前，我国休闲体育市场快速发展，学生的就业前景十分可观。开设休闲体育专业的各高校采取的教育模式各有不同，包括培养目标、培养规格、培养课程和主要的就业方向等。例如，武汉体育学院借鉴国外体育院校的休闲体育人才培养模式，以学校实训基地为主、社会实践基地为辅的实践性教学训练模式。但各高校采取的教育模式都具有一个共同点，就是理论与实践相结合的教育方式。

社会教育模式即体育协会、俱乐部、健身协会等各种休闲体育组织对人们进行休闲体育知识、技术和技能的实践教育。《全民健身计划(2016—2020年)》指出，应更加重视社会体育指导员队伍的建设，以社会体育指导员为主体，积极开展全民健身志愿服务活动。如自2009年第11届全运会以来，山东省体育局每年抽调部分高等院校的体育专家、教授组成全民健身宣讲团，分别到全省17个地市进行科学健身巡

[1] 杨铁黎，苏义民．体育产业概论［M］．北京：高等教育出版社，2017：23.

回指导服务，向人们教授健身方法，普及健身知识。这一举措极大地加大了人们学习休闲体育知识、接受休闲体育教育的热情。休闲体育社会教育模式基本上是普及科学健身知识、教授科学健身方法、引导人们进行科学健身。

⑥分析对建设社会主义精神文明的影响。

我国社会主义精神文明建设包括社会主义思想道德建设和教育科学文化建设。其中，教育科学文化建设就包括发展体育事业和文教卫生事业。体育事业和文教卫生事业的发展水平，标志着一个国家和社会的文明进步程度。

全民健身与广大人民群众的身体健康和生活幸福密切相关，是体现社会文明进步和综合国力的重要标志，是我国社会主义精神文明建设的重要内容。《全民健身计划纲要》《全民健身条例》《全民健身计划(2011—2015年)》《山东省国民休闲发展纲要》《中华人民共和国旅游法》等政策、法律法规的相继推出，对开展全民健身运动、发展全民健身事业有着举足轻重的作用，对我国建设体育强国、提高体育事业的整体发展速度、建设社会主义精神文明都产生了重要的深远影响。

其四，未来我国休闲体育政策发展态势。

总体而言，我国休闲体育将建立由政府主导的有限市场化机制以及系统的休闲体育产业发展规划。

目前，我国休闲体育的发展正处于起步阶段，各方面都有待完善，这就要求政府对其进行主导和调节。当休闲体育逐渐成为人们生活中的一部分时，就要求政府承担起必要的引导责任，对其进行宏观调控。目前，我国处于社会主义的转型时期，人们对休闲体育的需求不断增长，政府建立完善的休闲体育政策规范并进行积极引导，对休闲体育的健康发展具有重要意义。

休闲体育政策离不开休闲体育产业的支持，我国将形成集比赛、娱乐、休闲为一体的综合性休闲体育产业。为避免出现资源不足与资源闲置共存的局面，要逐步完善休闲体育市场结构，提高休闲体育服务业的质量，引进高素质的、具备休闲体育知识和经营管理知识的专业人才。可见，加快我国休闲体育产业的发展、制定系统的休闲体育产业规划对我国休闲体育的整体发展有重要意义。

（二）休闲体育的社会建制

对于休闲体育来说，休闲体育的社会建制同休闲体育的社会规范同等重要。我们不仅要通过休闲体育的社会规范来衡量和规范人们的休闲体育行为和价值观念，还要通过休闲体育的社会建制来约束和控制人们的休闲体育行为，确保休闲体育活动的顺利进行。

1. 休闲体育的社会体制化

（1）休闲体育社会体制化的基本内涵

在电影《肖申克的救赎》中，曾反复提到一个词：institutionalized，即体制化。影片的背景是在监狱中，在监狱中生活了几十年的罪犯逐渐被监狱体制化，到了外面的世界后变得无所适从，原因就是罪犯已经适应甚至离不开监狱的生活了。影片的主题一直在竭力避免人的体制化，而是强调“希望”。但是休闲体育跟人不一样，休闲体育只有被体制化，变成一种习惯或意识，才能更好地服务于大众。

体制是有关组织形式的制度。如国家机关、企事业单位，上下级之间具有层次关系。体制化就是一种习惯性，社会体制化就是对社会规则的一种习惯性或依赖性。休闲体育的社会体制化即休闲体育适应社会中的规则或习惯，形成一定的制度，成为一种社会事业、社会建制，最终为规范大众休闲体育服务，让更多人享受休闲体育活动的快乐。

（2）休闲体育社会体制化的演化过程

电影《肖申克的救赎》中对体制化的过程有一个非常精辟的解释：

监狱是个怪地方，起先你恨它，然后习惯它，更久后，你不能没有它，这就叫体制化。老人在离开生活了几十年的监狱以后，无法再适应体制化以外的社会生活，已经被监狱中的规则束缚了身心。

休闲体育社会体制化的过程，即首先休闲体育随着时间的推移，作为一个整体存在于社会当中，而社会生活中有许多的规则和习惯不可改变，那么休闲体育要融入社会中，只有适应这些规则和习惯。在适应的过程中，这些规则和习惯逐渐地渗透和融入休闲体育自身当中，使休闲体育对其变得依赖，直至不可缺少。

（3）休闲体育社会体制化的构成基础

休闲体育社会体制化的构成基础包括两方面：一方面是休闲体育，另一方面就是社会。首先，休闲体育需要具备的条件就是可以被体制化的能力。人可以被体制化的基础是人具有思维或习惯，得以被社会束缚。那么休闲体育被体制化的基础就是休闲体育作为一个整体，包括休闲体育参与者、经营者和服务者的观念、行为及外界环境等要素，可以被社会规则所约束。其次，社会作为构成基础而言，应当具备一系列的制度、规范或规则，作为休闲体育整体上的大环境，应对其进行约束和控制。

2. 休闲体育社会建制的构成要素

（1）休闲体育主体的价值观念

价值观念用于体现制度的存在价值或目标。休闲体育主体的价值观念是理解休闲体育作为一种社会建制存在的意义，以及自身参与休闲体育活动的意义。将休闲体育的开展和传播得到社会的认可和支持作为休闲体育社会建制存在的目标，并在此理解的基础上服从休闲体育活动的制度规范。

（2）休闲体育主体的行为规范

行为规范是个体或群体在参与社会活动时应遵守的规则或准则。休闲体育主体的行为规范在休闲体育社会建制的运行中起实际作用，是人们在活动时的行为模式。休闲体育主体应遵守的具体行为规范包括与休闲体育有关的道德规范、法律规范、规章制度和行为准则等。休闲体育主体的行为规范并不是一成不变的，它为使自己适应休闲体育的变化和社会的变革而不断做出改变，以便更符合休闲体育和社会的要求。

（3）休闲体育的组织系统

休闲体育的组织系统是休闲体育的制度及规范的载体，是其实体部分，主要包括休闲体育活动的参与者、服务者及经营者。休闲体育的组织系统将其成员集中在有特定目标和职能的系统中，通过组织规范来约束和限制成员的行为，维持良好的秩序，确保休闲体育活动正常有序地开展。

（4）休闲体育的物质支撑

休闲体育的物质支撑是其正常运行的基本保障，主要包括资金投入、各类场馆设施、器材等。此外，经济水平的提高以及人们对休闲体育活动的需求，也构成了休闲体育的物质支撑。

3. 休闲体育社会建制的管理

（1）休闲体育社会建制的管理者

休闲体育社会建制的构成要素即休闲体育主体的价值观念、休闲体育主体的行为规范、休闲体育的组织系统和休闲体育的物质支撑。其中，休闲体育的组织系统中包括休闲体育的参与者、经营者和服务者，那么负责管理这三者以及提供必要的物质支撑的就是各级人民政府，即各级人民政府对休闲体育的社会建制进行管理。

（2）休闲体育社会建制的管理特征

休闲体育社会建制的管理特征包括三个方面。首先，对休闲体育社会建制的管理是一种社会现象，因为有人类社会存在的地方，就有管理的存在。其次，管理的载体是组织系统，即通过组织系统对社会建制进行管理。最后，管理的主体是管理者，也就是各级人民政府。管理者的第一个责任是对休闲体育的组织系统进行管理，第二个责任是对自己进行管理，第三个责任是对自身的工作进行管理。

（3）休闲体育社会建制的管理意义

各级人民政府对休闲体育的社会建制进行管理，不仅能稳定并提高人们参与休闲体育活动的热情，还能在潜移默化中使休闲体育成为人们的一种习惯或意识，使人们在活动过程中约束和控制自己的行为。此外，有了物质支撑作为基本保障，也确保了休闲体育工作有条不紊地进行。

4. 休闲体育社会建制的运行

休闲体育的社会建制要正常运行，四个构成要素即休闲体育主体的价值观念、休闲体育主体的行为规范、休闲体育的组织系统和物质支撑，缺一不可。休闲体育社会建制的运行即以各级人民政府的管理监督为背景，在一定规则的约束和控制下，休闲体育活动参与者进行休闲体育活动，休闲体育服务者为参与者进行服务，经营者对其组织进行管理和经营。

（1）休闲体育主体的价值观念

休闲体育主体的价值观念是休闲体育社会建制正常运行的核心要素。休闲体育的社会建制要顺利运行，休闲体育活动者就必须首先明确休闲体育作为一种社会建制存在的意义，以及自身参与休闲体育活动的意义。

（2）休闲体育主体的行为规范

休闲体育主体的行为规范在休闲体育社会建制的正常运行中起实际作用，是休闲体育主体应遵守的规则。休闲体育主体的价值观念直接影响休闲体育主体的行为规范。

（3）休闲体育的组织系统

休闲体育的组织系统是休闲体育社会建制正常运行的载体，休闲体育主体的价值观念通过休闲体育的组织系统体现出来。休闲体育的组织系统是实际存在的，并起着连接的作用。

（4）休闲体育的物质支撑

休闲体育的物质支撑是休闲体育正常运行的物质保障。俗话说："巧妇难为无米之炊。"休闲体育的物质支撑在休闲体育社会建制的运行中起着不可或缺的作用。

第四章　休闲体育文化的构建与和谐社会

休闲体育文化作为一种人类文化的组成部分，同人、社会和人的社会实践活动有着必然的联系。文化是人的本质和本质力量的展现，离开人、社会和人的社会实践活动，就无法清楚地认识文化的本质。我们认为，休闲体育文化是在休闲体育生活和休闲体育实践过程中，人的智慧和创造能力的对象化。所谓对象化，是指人的本质在实践过程中以一定的外在形式表现出来。正如人的思维、观念、意识等主观的内容需要通过客观的、物质的语言表现出来一样，休闲体育文化也需要以身体活动的方式反映和表现。

一、休闲体育文化及其构建

（一）休闲体育文化的作用

体育作为一种独立的文化形态，它的作用是其他任何文化形态所不能取代的，甚至其他文化形态的发展也不得不从体育文化中借鉴、迁延一些具有特质的东西。因此，体育是当代文化的重要组成部分，它的存在和发展有助于完善和健全社会的文化，也有利于人类自身的协调和发展。体育文化的社会价值往往表现为对体育个体价值的放大和体育基本功能的深化。如体育运动为人格发展提供机会，继而以社会活动形式出现的大众体育似一股巨大的文化潮流进入人们的生活，对提高人们的生活质量起到特殊作用；再如现代体育运动的竞争性、公正性、公开性等精神与时代需要合拍，以推动社会价值观念的进步。

休闲体育人文精神是休闲体育文化的重要内容。它由处在核心地位的休闲体育思想、道德，特别是休闲体育价值观所决定。休闲体育人文精神的价值具有十分丰富的内涵，具有多种存在形式和表现形式。因此，其价值将通过休闲体育的属性、功能和文化意蕴等多个层次、多种途径和手段实现。人的全面发展是我国构建和谐社会的主题。有理由相信，在一个重视人的发展的时代，社会在由不断满足人的物质需要转向更多地满足人的精神需要，休闲体育人文精神的价值将会被重新认识和开发，成为人们精神追求和价值追求的一项重要内容。休闲体育人文精神的价值将会在人类生活和社会文明进程中发挥更大作用。

1. 引导健康的休闲体育文化和休闲体育价值追求

“文化是思想。任何事物的发展都有其内在的原因和推动力，继而成为一种品格和力量，影响社会和人的发展。它就是思想的力量。体育也不例外。”[1] 休闲体育是人类维持、增强和改造自身技能、形态的一种科学实践；也是改造自身人文精神状态的人文实践、人类文化组成部分，影响着人的意识形态和人的生活方式。休闲体育首先要以休闲体育文化的形式渗入人的生活价值观中，休闲体育除了发展知识、技能和体力等，同时也把人的情绪、态度、理想、意识作为生活价值取向的重要领域。这种休闲体育思想提倡体能发展与情感发展的统一，以形成完整的人。休闲体育在以尊重人的全面发展为目标的同时丰富人的生活。

休闲体育人文精神是休闲体育文化的核心内容，即从休闲体育文化心理层面表现出来的文化精神的总和，它是时代精神文明的一个客观表

---

〔1〕［法］罗歇·苏．休闲［M］．姜依群，译．北京：商务印书馆，1996：74.

现。而休闲体育精神又是休闲体育人文精神的集中表现和具体反映，是休闲体育人文精神的标识。当代休闲体育视人文精神为最高价值原则，这也是体育人文精神的时代文化主题。当代休闲体育人文精神的唯人主义原则，与休闲体育文化以人为价值源头、完善人性和维护人的健康、提升人的生活质量的一般文化主题是统一的。

与竞技体育严格的训练体系相比，休闲体育的最大特征在于它的参与者享有活动的自主权，是一种自愿、自觉的自主行为，不具有强制性和约束性。它在摆脱体育必然性的同时超越体育的军事功能、政治意义和经济效用，并向体育的游戏本质进行最大限度的回归。人们在自由的环境中自觉、自愿地参加各种身体活动，自主选择活动的时间、地点、内容以及形式，既不受制于体育教学和训练的种种严格规定，也不强求高水平的运动成绩，而完全出于人类内心一种对“自由”原始欲望的追求。正是对人本质“自由”的追求，决定了休闲体育在塑造“人”的过程中面对着开放的冒险和无固定的行动时，承担了培养人的自主选择、自主决定能力的功能和挖掘人类的想象力、创造力的使命。这也恰恰接近人类本真，展示人的全部生命价值，回归人的生命存在类特性的“自由与自觉”的过程，及“人之为人”的规定性发展。加强休闲体育人文精神的研究，可以扬弃体育的物化，摒弃对人的异化，矫正一切偏离人可持续发展轨道的现象，深入贯彻“以人为本”的理念，使人走向圣洁和崇高，生命走向健康和高尚，使生命在人文价值的关怀中走向人生的辉煌。

2. 激发人的主观创造性和实现人全面发展的重要力量

休闲体育人文精神价值体现在它改变了人们之前对于从事体育的功利性的认识，开始从被动接受逐渐转向主动创造。实践中人们把进行休闲体育与个人的幸福生活联系起来，根据自己的爱好和自身条件，自主选择休闲运动项目。作为从事休闲体育活动的主体，人们不仅有自觉能动性，而且富于创造性。创造就是首创前所未有的东西，其实质就是对现实的突破，它象征着革新和进步。休闲体育人文精神价值的一个突出特点就在于激励人们不断地创新，人们不断地用新颖、独特的方式来阐释人与自然、人与社会、人与自身的关系，并从中确认人作为主体的力量。当代休闲体育人文价值早已超越了当初人类进行体育运动是为了生存的目的，而上升到享受和发展的高度上。当代休闲体育人文精神价值对人的发展的重要性使人们不再考虑“是否去运动”，而更多地考虑“如何去运动”才能给自己带来更多的快乐；人们已经不再仅仅享受运动的结果，而要享受运动的整个过程；人们已经不再满足于简单重复别人或自己过去做过的一切，而在努力为自己设计与众不同的活动。

休闲体育作为休闲的一种类型，同休闲的本质一样，是对人的心灵世界的安抚与创造。与此同时，休闲体育作为体育的一个重要组成部分，有着体育的“以身体活动为基础”的本质特征，与其他种类的休闲又存在较大的差异，在强调休闲共有的心灵抚慰作用的同时，还对参与者进行着肉体的塑造。在自由的时间和空间里，人们以轻松愉快的心态，通过不同形式的休闲体育活动，改造着人类的自身，使其在形态、结构和功能上发生积极的变化，以达到增强体质、增进健康、提高生命活力和生活品质的目的。同时，在错综复杂的社会交往中，参与者通过休闲体育活动相互了解、相互合作、增进感情，满足人类渴望交流的社会需要，并对参与者社会文化生活的丰富、生活情趣的调节、生活质量的提高都产生积极的影响。而在精神世界中，休闲体育更体现着强大的生命力，在汲取精神安宁的过程中激发人类创新的灵感，培养和塑造人类自尊、自信、自强的人格力量和不屈不挠、不断进取的心理品质。休闲体育人文精神正通过休闲体育活动这一直观的方式促进每一个人的全面、健康发展。

（二）我国休闲体育人文精神构建的必要性

1. 构建人文精神是我国现实的需求

目前，以社会主义市场经济为方向和动力的社会变革，把当代中国推进到一个深层次的经济社会转型阶段，社会转型与文化转型同向共进，在这一全方位的变革中，理论的导向作用与时间的探索本身休戚相关。这样一种深层次的经济社会转型，是一种具有深厚文化内蕴和人文精神支撑的社会变革过程，要完成各项社会转型任务，加快全社会的现代化步伐，提升全社会的现代化素质，必须注重人文精神的建构，这是经济社会转型过程中一项具有根本性、全局性的任务。[1]

实现人的主体作用，必须高度重视人文素质的积淀，注重人文精神的建构，否则人的主体作用就无从谈起。我国新时期经济社会转型，蕴含着对社会文明尤其是人的现代文明的重铸；社会主义现代文明大厦的建构，不仅要有现代市场经济作为其坚实的基础，而且要有全社会成员文化品位的提升和精神素质的增强作为其不朽的支柱。把人文精神的建构提到经济社会转型的主体地位上来，从直接意义上说，是解决转型时期社会矛盾的迫切要求。

首先，社会转型时期，思想观念的整合需要一个逐步完善的过程，这种矛盾，影响着政治、文化乃至整个社会的发展，由此，不同社会层面的成员在思想观念上产生了不同的社会价值观。

其次，利益分配挣脱了高度集中的传统计划管理体制的束缚，形成多元化的利益分配制度，造成一部分社会成员利益的失落，一部分社会成员利益的增生。这种利益分化的矛盾，不仅直接影响到相当一部分社

〔1〕 胡小明．休闲理论与体育的娱乐化［J］．体育与科学，2005，26（4）：1113－1115.

会成员的实际利益和对改革的心理承受力，而且对社会稳定和社会发展产生着巨大的震荡波和冲击力。

最后，社会转型时期，不同地位、不同层面、不同利益、不同经历的社会成员，对于社会的变革，都会表现出不同的价值评判行为和价值目标追求；对于同一种社会现象，也会表现出不尽相同的心态和行为。

上述种种社会转型过程中无可回避的差异和矛盾，都对当代人文精神带来挑战和冲击。这些深层次的矛盾，仅仅依靠市场经济力量来调控是不可能完全解决的，它迫切要求高度重视经济社会转型中的人文精神建设和人的全面发展，提升国民素质，校正价值观念，从精神领域来调控人们的思想观念，建构适应当代社会发展的人文精神。

2. 中西休闲体育思想的差异对我国休闲体育人文精神构建的影响

从狭义的层面上说，休闲体育人文精神是参与主体精神家园的宿主，它对参与主体，尤其是对实践主体和运动主体的思维方式、心理机制、情感世界、价值取向、审美体验、意识表达系统等起着决定性的作用，深刻影响着他们的现实生活和精神生活，它与参与主体的精神升华俱进，但不局限于抽象的精神领域之中。它会主动有效地引导参与主体的各种体育实践活动，并将各种积极的规范落实到现实的实践行为当中。当前中国休闲体育人文精神的构建与和谐社会的发展、中国体育的发展，乃至世界体育文化的发展息息相关，互动共进。

中国当前休闲体育人文精神的构建不能脱离传统文化的思想资源，但应该清醒地认识到以农耕文明为基础生成的中国朴素人文精神有着严重的局限性。“人性本善”理论的先设性，使儒家的道德心性论往往流于肤浅的道德说教，形成了时时围绕人却处处忽略人的思维怪圈，使中国传统人文文化在实质上具有“伪人文”的倾向；伦理政治的主导性，使中国的人文文化始终以伦理为核心，缺乏对人自身的终极关怀，人始终是五伦关系网络中的虚点、等级制度中的被动客体；经验化的理性，使中国传统人文精神严重缺乏自然哲学作为人的哲学的根基，使中国人对人性论的理解往往脱离肉身的物质限定而在浮泛的理想层面虚构，对现实的、历史的、具体的个人与社会的研究不能深入；观念的凝滞性，限定了中国传统文化在近现代的继续发展，形成僵化凝滞的格局，无法应付近现代西方强力文化的挑战，在现代化的浪潮中陷入被动局面。而对西方近现代的人文主义、人本主义又不可能完全“拿来”，使之成为构建中国体育人文精神的观念基础，尤其西方体育文化发展模式带来的愈来愈多的危机，已经将西方体育人文精神的缺陷暴露无遗。而以反思现代化、重写现代性为主旨的后现代主义思潮随着全球化的进程越来越深入地进入各个国家和民族，并不断腐蚀着一些国家的文化意识形态基石，使其在发展模式的选择上犹豫不定、举步维艰，休闲体育文化作为一种下位文化更无法从容地选择正确的发展道路。

（1）中西方休闲体育文化的差异

中西方两种文化的不同直接导致了体育思想和体育价值观的差异，从两种文化的比较中我们可以看出它们各自的特征。中国传统哲学观认为“天人合一”“道法自然”，强调人与自然的和谐统一，构成完整的一体；而西方哲学则强调天人相对、天人有别。在人生观方面，中国人乐长生，重节制，讲中庸；西方人求价值、谋进取，寻求浓烈和刺激的感官享受。在认知形式上，中国人重直观感受，力求整体把握；西方人重知行分析，细剖层究。在思维方式上，中国人重直觉顿悟，西方人重抽象思辨。在生活观上，中国人知足常乐、守成务实；西方人冒险创新、放荡不羁，等等。可以说，中国古代文化和西方传统文化两种不同的文化形态，导致了体育文化形态和体育价值观的本质差异。那么作为新体育现象的休闲体育，它的文化形态和价值观必将存在着巨大的差异。

（2）中西方休闲体育文化发展过程的差异

近代休闲体育的起源应该是在西方国家，也可以说，休闲体育产生于美国。1899 年，凡勃伦（Veblen）发表的《有闲阶级论》就是重要的标志。他提出，休闲已成为一种社会建制，人的一种生活方式和行为方式。[1] 由于中西方社会的历史背景及文化的差异，也就产生了不同的休闲体育文化的历史，主要表现在：西方的休闲体育文化发展呈现出两头高中间低的 U 形曲线。哲学家亚里士多德曾指出，幸福存在于闲暇之中。休闲是忙碌的目的，是科学和哲学诞生的基本条件之一。休闲是人的一种思想和精神态度，它不是外部因素的结果，也不是由空闲时间所决定的。西方政府机构对休闲体育给予了合法合理的地位，联合国《消遣宪章》正式界定道："消遣和娱乐，通过身体放松、竞技、欣赏艺术、科学和大自然为丰富生活提供了可能性，无论在城市和农村，消遣都是重要的，消遣为人提供了激发基本才能的变化条件，消遣时间是一种自由时间，但在这个时间里人们能掌握作为人和作为社会有意义成员的价值。"中国的休闲体育发展与西方的休闲体育的产业化发展恰恰相反，也可以称为线性发展。数千年以来，静态的体育休闲活动却一脉相承，从未中断过，如导引养生、太极拳等。在我国，休闲体育的发展时间比较短，仅有二十几年的历史，但 20 世纪 80 年代，国内的一些学者就已经开始了休闲体育的理论、价值和作用的研究。随着双休日、十一、春节旅游黄金周的实行，人们有了更多的闲暇时间，对健康和健身的愿望也日益强烈，对休闲体育文化更加重视，同时国内外学者对休闲的研究成果不仅为我国休闲体育的诞生提供了肥沃的土壤和丰富的养料，而且为我国休闲体育理论的建设提供了大量的素材，并奠定了良好的理论基础。

---

[1] 董志强．析伽达默尔的游戏观［J］．学术月刊，2002（12）：56.

（3）对中西方休闲体育人文精神及人文价值的认识

古希腊人追求人类的幸福，崇尚智慧、热爱自由、弘扬民主、匡扶正义的人类精神是古代先哲们留给西方和世界的宝贵遗产，也是西方体育人文精神的特征，古希腊也是西方体育人文精神的发源地。古希腊三面临海的地理环境形成了古希腊人自强不息、热烈追求、思变创新、敢于冒险的民族个性。这种民族个性决定了他们更喜欢通过剧烈的运动来锻炼肌肉、增强体质、增进健康，通过体育运动展示健美的体魄和坚强的意志。在经历了中世纪黑暗年代的压制后，古希腊的体育人文精神在光辉而伟大的文艺复兴运动中得到了进一步彰显。文艺复兴铸成了一个新的信念体系，即认为人本身最高的价值，将人的现实性、独立的主体地位和作用及其价值，以及丰富的个性发掘出来，从而肯定了人的尊严和伟大。[1] 他们提倡用科学的方法和手段分解、分析身体各部分器官的机能及其锻炼作用，从而进一步增进健康。同时，西方体育特别注重人性的弘扬，强调通过体育运动展现个体健身理念、学习精神、竞争意识及协同能力，强调超越自己，展现自己的人格魅力，在西方国家，体育已经成为人们生活的一部分，体育人文精神对人的影响可以说无处不在。

再来探讨中国传统体育人文精神。在 5000 多年前，中国就出现了“长寿养生”思想，这是中国传统文化中的体育人文精神思想的真实写照。我国许多民族传统体育项目，如蹴鞠、围棋、投壶、射箭、赛马等，以及民间流行的一些传统体育活动，如放风筝、拔河、端午竞渡、重阳登高等，都反映出浓厚的人文精神的色彩。中国传统的养生保健的理念，包含着丰富的人体科学内容，如注重身心一元、天人合一、内外

---

[1] ［美］托马斯·古德尔，杰弗瑞·戈比．人类思想史中的休闲［M］．成素梅，译．昆明：云南人民出版社，2000：146.

协调、动静配合等许多辩证思想，对指导当今人类的保健活动具有重要的指导意义。中国传统文化以人为本，始终把人放在一切行为的中心位置，把人和天、地称为“三才”，是宇宙万物的中心。尊重个人价值和个人的自由发展，中庸平和地协调人与自然、社会、人际和人自身心灵等各种关系，强调人对宗族和国家的义务，这种文化特质恰恰弥补了西方文化的不足。

中国古人对于休闲的理解与休闲作为外来词汇的含义是基本一致的，认为休闲是一种生活方式，同时也是一种人生境界，即将休闲理解为人的生活态度或人生的哲学之道。在中国传统体育文化中，对人的培养受传统文化制约。中国休闲体育的一个显著特点就是通过身体锻炼以外达内、由表及里，通过身体活动来促成精神的升华，实现理想人格的塑造，其作用主要不在人体，因此对身体的发展并不做过高的要求，仅以养护生命、祛病、防病和延年益寿为主，注重保健养生和健康生活。与东方传统的体育价值观相比，西方传统的体育价值观则明显不同。作为西方古代体育典型代表的古希腊体育，并不像中国古代体育重人格胜于重人体，古希腊体育更注重身体美与精神美二者的和谐与统一。强调休闲与劳作的关系，在体育价值观上，认为劳作与休闲是人类存在的组成部分，劳动创造了人类，也创造了休闲，没有劳作，就没有休闲，没有休闲，人类就不会有高级的劳作形式。目前，西方学者研究认为，古希腊的希伯莱文化是西方休闲思想的学术渊源和文化渊源，是西方人所固有价值观的原动力。他们的思想已经成为西方传统认识的一部分。因此，希腊人对于文明和进步的休闲非常感兴趣，从而产生了游泳、投掷、赛跑、角力等游戏和体育竞技运动。

就目前来看，在世界各个国家里，人们的休闲方式虽然不尽相同，但其本质和对价值的认识是相同的，那就是为了放松身心和消除工作、生活中的疲劳。

3. 当前我国休闲体育发展中人文精神的失真

“历史地看，休闲的含义是宁静、平和及永恒，与功利主义、物质主义的活动形成鲜明对照。”[1] 休闲体育的诞生是想通过体育运动改善体魄，抚慰人的精神、心理，体现人的情感、价值。但这些特征在当今这个片面追求简单、快捷的时代已经开始流逝。休闲体育的人文精神，追求的不是个别人的发展，而是全人类的全面、协调发展。休闲体育将不再是少数人的专利，而成为每个人共同享有的财富。这是由历史发展趋势决定的，也是体育人文精神观念逐渐被人们认同的反映。随着社会进步和生产力的不断提高，休闲已日益成为人们日常生活不可缺少的内容。休闲体育作为一种以肢体运动为基础的文化活动，由于其特有的展现形式成为人们进行休闲生活的首要选择。它在维系人类身心健康发展的同时，还在精神领域展现人生命的真实，赋予生命以真、善、美的价值意义。然而，休闲体育发展过程中伦理价值的缺失，造成了休闲体育发展的错位和异化，制约了休闲体育的发展。

（1）休闲体育的奢侈化倾向

休闲体育作为人从物质环境的外在压力中解脱出来的一种有闲的积极状态，其本质是休闲者在自由支配的时间和空间里，通过肢体活动获得身心健康和谐发展的过程。从某种意义上说，休闲体育并不排斥物质性的经济发展，相反，如果人无法从物质的压力中解脱出来，就不可能获得真正的发展，也不可能有进行休闲的自由时间，那么休闲体育就只能是一场空谈。然而在全球“消费主义”观念的影响下，休闲体育越来越远离了其内在的休闲本质，本来作为休闲体育手段的体育消费本身却成了有闲生活的主体和人们狂热追求的目标，无节制的物质享乐和消

---

〔1〕 周辅成．西方伦理学名著选辑（上卷）［M］．北京：商务印书馆，1964：93.

遣不但没有带来肉体的发展，反而试图以物欲的满足和占有来引导人们的心理和精神追求。在商品经济大潮中，体育又成了一种消费品和赢利的手段。在经济迅猛发展的当今社会，自然资源日益稀缺和匮乏，免费的休闲体育运动少得可怜，休闲体育被人们看作一种奢侈品。高档的运动装备与豪华奢侈的运动环境，成为现代都市人追求体育休闲的动机。休闲体育不是个体活动，它具有群体性的特点，这原本是时代发展的例证，但有些人却走向了耀富、攀比的庸俗之路。例如，某些人为了显示自己经济上的优越而去打高尔夫球，他们不是为了感受高尔夫运动的乐趣，而是乐于把高尔夫俱乐部的铭牌钉在私家车上，乐于在高尔夫球场上一掷千金地赌球，而商家也有意在设施、场地、额外服务和广告词上迎合这些庸俗的心理。人的生活目的和人生价值变得只有定位在物质财富的享用和高消费的基础上才得以实现。休闲体育也因此被塑造成了由“消费”来加以组织的享受形式，成为必须依赖“消费”才得以存在的过程。[1]

(2) 休闲体育的风险扩大化倾向

随着人们物质生活水平的提高，人们生活方式不断发生变化，各种休闲体育设备不断发展，越来越多的人在进行体育休闲时，其目的不再满足于普通休闲体育项目带来的新鲜、愉快、放松的情感体验，而向着更加惊险、刺激、具有挑战人类生理极限和心理极限的方向发展。身处关系复杂、竞争激烈的现代社会，人们要承受各种压力和挑战，久而久之，难免会产生和积累各种负面情绪，而休闲体育成了发泄这些负面情绪的首选方式。休闲体育活动给人们带来的心理、精神、思想上的愉悦，使人们暂时消除了一切等级、宗教、名望、权力等世俗的差别、隔阂和禁锢。社会生活等各种因素给人们带来的压力得到彻底的释放。感

[1] [德] 恩斯特·卡西尔. 人论 [M]. 上海：上海译文出版社，1987：87.

官享受与刺激是人类生命体验的一部分。休闲体育借助于身体练习，适度地追求感官享受与刺激，这样有助于身心的放松，有助于人们为进入对生命意义进行观照的心态做准备。然而那种盲目地一哄而上又一哄而散的运动方式是极不理智和极不健康的，人们无法在身体得到锻炼的同时让精神得到深层的触动。作为现代休闲体育产业的一部分，一批具有高风险的休闲体育活动如蹦极、跳伞、登山、攀岩、航海、潜泳、滑翔伞、热气球等极限运动不断得到开发，成为社会休闲的时尚。某些人怀着猎奇和冲动的心理去体验危险、恐怖甚至想象中的死亡，这类似于“进入到一种特殊的状态——猎奇癖（wanderlust）”。虽然从某种意义上说，风险性休闲体育活动作为一种现代社会的产物，有其一定的合理性，它在挑战人类极限的同时，培养了人们自信、坚强的品质，但将这种品质的培养置于以损伤甚至牺牲个人生命为代价来换取的基础上，就越来越远离了休闲的本质含义。这些极度危险又极具挑战性的体育运动，由于都具有高难度的技巧，并不是每一个人都可以熟练掌握的。在进行风险休闲体育的过程中，由于这类项目本身客观上的高危险性特征，加之其辅助技术手段还存有诸多不完善的地方，危险时有发生，休闲者所承担的风险远远大于其他运动项目。加之休闲者主观上出于对项目的畏惧，心理出现巨大的紧张感和恐惧感，与休闲体育放松和休闲的本质背道而驰。

（3）休闲体育的工具化倾向

人们总在不同的社会发展时期寻找和运用各种途径和方法来展现自我、表达自我，以此获得一定的社会地位和社会利益。休闲体育作为人类文化活动的产物，在人强烈表达自身身份的需要面前，自然而然地顺应了社会和人们的需要。随着休闲时代的临近，休闲体育工具化现象不仅没有消失，反而更为显现，甚至模糊了休闲与工作的界限。尤其在现实生活中，物质财富、经济状况等因素经常制约人的休闲体育行为，一张高尔夫俱乐部的会员卡少则需要几万元，高则几十万元。在人的身份展现需求面前，“消费”比“休闲”更有助于人们对一个人的金钱能力留下印象，也更容易让该人获得自尊。

早在20世纪初，美国经济学家凡勃伦在《有闲阶级论》中就指出，休闲是与在社会中占据一定经济地位、社会地位的阶层紧密联系在一起的，有闲的生活方式的突出特色是讲礼仪、重优雅，有闲阶级借以炫耀自己的特殊地位。于是，高尔夫球、保龄球、网球以及摩托艇等时尚休闲体育项目越来越受到有钱人的青睐，选择能体现身份和地位的休闲活动意味着自己与社会下层的区别、与社会上层的一致，体面的休闲方式仍然被看作是占有财富、地位等社会资源的象征。在这种观念的影响下，“休闲者”对休闲体育的追求不再停留在健全人发展的内在需求层面上，而将其物化为显示个人成功、身份、地位、财富的一种外在符号。在人的个性展现需求面前，休闲体育同样是人们追求“个性”表达的符号。当我们在城市广场或社区街道看见一位青年操练着滑板急速地飞来转去、逍遥自在的时候，表面看似是心灵的释放、自由的象征，其实并不尽然，他更多的是在向人们传递自我与众不同的信号：“我”在闹市操练着滑板，就意味着时尚、时髦，意味着“我”是先锋青年。在符号化的休闲体育世界里，符号代替了休闲体育的本质，成为休闲的目的。

（三）构建我国体育休闲文化的策略

1. 提高群众的认识，明确休闲体育的作用，转变休闲体育的价值取向

我国已经进入城镇过半的城市时代，由于城镇人口的流动只实现了地域转移和职业转换，还没有完成身份转变，很多人还戴着农民的

“帽子”，使得中国的城镇化呈现出“半城镇化”的状况。由于人们缺乏对健身知识和休闲体育的认识，致使他们工作时没有时间、精力参加休闲活动，而闲暇时他们又不愿意参加休闲体育活动。因此首先要引导群众的认识，作为日常生活的需要，来自觉、主动地从事休闲体育活动。同时，还需要根据人们的层次、群体、年龄、性别、职业、生活特点，多渠道发展各式各样、丰富多彩的休闲体育活动，来满足人们的选择需要，促进休闲体育的发展。社会的进步说到底是作为历史行进主体的人的进步，社会发展说到底是一切人的发展和人的全面发展。把人的发展作为社会发展的目标，现已成为全球性的共同认识。社会学者认为，“把人的全面发展作为一切发展行动的出发点和归宿，概括了社会发展的实质，同时也囊括了社会发展的各个方面”。作为社会文化组成部分的休闲体育人文精神，将人的全面发展作为社会发展的最高命题，其根本意义在于认识到了其自身的价值，摆脱了长期以来自觉或不自觉囿于“工具”的局限性，弱化了工具的价值取向，强化了人本价值取向。因此，在构建休闲体育人文精神的过程中，要强调和突出“以人为本、追求健康、追求生活质量”的价值取向。

2. 发挥政府的宏观调控及体育部门的职能作用，建立健全休闲体育组织服务体系

“文明、健康、科学、和谐、优雅”作为我们日常生活方式和行为方式的基本目标，其本身就离不开国家和政府的宏观调控，需要国家和政府进行引导和管理。而休闲体育作为实现对人的终极关怀的重要手段，成为当代人生活中的重要内容，其产生、发展和完善都离不开国家和政府的宏观调控。因为生活方式和行为方式虽然体现在一个个具体人的日常生活中，但这种生活方式和行为方式在整个社会大环境中得以实现，必定受到社会生产方式的影响和制约，并通过社会结构、社会制度和相关社会组织来发挥作用；同时，又是对整个社会的不同侧面的真实反映，推动了整个社会的进步和发展，体现着社会效益和社会价值体系的重要组成部分。

1995 年 6 月，国务院颁布《全民健身计划纲要》；同年 8 月，全国人大常委会通过《中华人民共和国体育法》。此后又有一系列法规和规章制度相继出台，群众体育和全民健身运动得以沿着健康的轨迹发展。《全民健身计划纲要》的颁布和实施，正是国家和政府发挥宏观调控职能的体现，是党和政府对过去几十年在增强体质、提高人们身体健康水平、改善人们生活质量、培养人们良好的生活方式和行为方式方面的经验总结和归纳。随着全民健身计划的不断深入，为继承和发扬北京奥运会的宝贵遗产，切实加强全社会对全民健身的认识，进一步夯实中国体育事业的发展基础，国务院批准自 2009 年起，每年的 8 月 8 日为“全民健身日”。这是国家和政府对全民健身计划实施的又一次调控，这种调控职能势必推动和改善人们的生活方式和行为方式。这种调控的结果也产生了休闲体育的多样性，满足了人们对社会多样性的需求。为了顺应社会的发展，满足人们对于休闲体育的多样性的需求，建立和完善休闲体育的服务体系就显得尤为重要。随着社会生活的不断丰富，人们对于休闲体育的要求也是多方面、多层次、全方位的。因此，休闲体育的服务体系也要满足人们的要求，建立多元化的休闲体育服务体系。但这种服务体系的建立仅靠政府作为唯一的主体是难以实现的，它需要在充分发挥政府的调控能力的基础上，体育部门及社会的各个层次和组织共同参与，发挥各方面的优势，共同打造良好的休闲体育服务体系。通过社会的各个层面，建立可持续发展的网络组织，最大化地实现公共利益，保证不同的人群对休闲体育的要求，满足个性发展的需求。国家和政府要加快职能转换，改革和完善休闲体育管理组织体制，构筑沟通平台，由体育主管部门牵头，联合各个行政组织机构，成立专门的机构，专门负责休闲体育活动的开展和提供各项服务，负责休闲体育资源的开发、规划、整合和利用，形成多职能部门共同合作、共享资源的多元化的发展体系。

统筹安排、推前带后。宏观上，未来我国休闲体育的发展，应首先在小城镇大力发展休闲体育，从而辐射城市休闲体育和农村休闲体育，借鉴“区域经济发展理论”。城镇是城市与农村的接合部，兼有城市和农村的特点，休闲体育资源相对优越，休闲体育的发展空间非常广阔，可以构建“城市体育→小城镇体育→农村体育”这样一个“推前带后”的发展模式，重点投向城镇，鼓励发展城镇休闲体育。根据小城镇经济发展水平、规划规模、社会环境，确定小城镇休闲体育特色模式。尽量结合本地区特点、民族传统，让每一城镇有一项或几项群众喜闻乐见的休闲运动项目和特色活动，争取让这些活动成为约定俗成的休闲体育模式。各城镇集中有限的财力、物力，发挥城镇休闲体育资源优势，调动居民的积极性，形成以小城镇为中心的磁场效应，带动各个层次群众加入到休闲体育队伍中。

3. 推广先进典型带动全国，从而加强普及与传播

由于休闲体育进入我国的时间较短，未能实现全面发展与普及，而且在其发展过程中还出现了发展不平衡的现象，一般在较发达和发达地区开展得较为丰富和广泛，而在农村等经济条件较差的地方开展得相对薄弱。因此，要通过先进地区的发展来带动薄弱地区，进而在全国范围内广泛地推动休闲体育的发展，从而提高人们的身心健康水平和生活质量。

构建休闲体育人文精神要加强普及与传播，这必须建立在把休闲体育人文精神看作带有抽象意义文化的基础上。当今社会，大众文化已经伴随现代化的进程依赖于个体的自主性选择，在此形势下，休闲体育人文精神也不应被冷落、被忘却，而要主动参与文化传播的过程。一方面，就现实意义来讲，休闲体育人文精神有普及与传播应成为一个重要议题。因为在人们对自身健康越来越重视的情况下，休闲体育活动受到各国人民越来越广泛的关注，故研究休闲体育人文精神的人也有责任让人们进一步了解其理论体系，从而把休闲体育人文精神中优秀的内容当作人们选择的有价值的精神资源之一。另一方面，就理论意义而言，休闲体育人文精神在多元文化体系中的发展，也有赖于它的普及和传播。没有更多的人对休闲体育人文精神的认识和了解，体育人文理论与其他文化体系在深层次的交流和对话中也难以体现其真正的价值。为此，休闲体育人文精神的研究者应主动进入社会，去探讨人们对休闲体育人文精神的需求，结合社会环境或者其他文化理论来加强普及与传播，使人们了解所参与的休闲体育活动蕴含的人文精神。

4. 发展和完善体育人文社会学专业下的休闲体育方向学科建设，培养更多的应用型人才

随着我国经济的不断发展，人们对物质文化需求的不断增加，体育学的科学研究也发生了巨大的变化，加快了体育科学体系的转型，形成了新的体育学科，而休闲体育学科就是在这种大环境下形成的一种新的学科门类，它的发展离不开体育学，也离不开休闲学，休闲体育学科是一门交叉学科。在我国，休闲体育学的发展和形成是在 21 世纪初，发展至今，休闲体育专业的建设仍旧滞后于当前的社会发展和社会需求。如今，我国千余所高校中仅有十几所学校在体育人文社会学专业下设置了休闲体育方向，这说明，我国的休闲体育专业建设仍较为单薄，与国外发展了几十年或上百年的休闲体育专业相比，我们还有不小的差距，但时代的要求、社会的进步、人们的需求，迫切希望有更多更好的休闲体育专业人才为社会服务，休闲体育专业建设迫在眉睫。我们要在汲取国外休闲体育专业发展经验的基础上，创办符合我国国情的、具有中国特色的休闲体育专业，创建符合市场需求的专业和学科，培养与当前社会发展相适应的休闲体育专业人才，创新培养模式，建立新型灵活的课程体系，按照社会需求确立专业目标和培养方向，更好地为社会输送具有指导技能、经营技能和管理技能的应用型人才。

在培养模式上，可以采取以校内课程为主、校外课程为辅，通识教育与市场需求相结合，系统知识的传授与休闲体育实用知识相融合的方式，适度缩减校内课程，加大社会实践环节，采用多频度、多次数的社会实践活动，增强学生的市场意识、社会服务意识和职业创新意识。课程体系建设上要突出应用性、实践性原则，重视课程体系的调整，重组课程结构，改革教学内容，建立以提高素质为基础、职业综合能力为核心的课程体系，强调学生动手能力和职业技能的培养，注重学生实践操作，增大实践性环节所占课时比例等。完善的专业社会实践与教学实习基地是体育院校提高专业人才质量的重要保证。通过建立专业社会实践与教学实习基地来强化社会实践和教学实习，有利于广泛利用社会资源为人才培养服务，有利于学生社会实践和教学实习得到良好的指导，有利于充分发挥实习带队老师和基地指导老师的积极性。

5. 与科学精神相融合

中国传统文化偏重人文文化，而科学文化的基础则相对薄弱，这是曾经辉煌的中国古典文化在近现代落伍的内因。进入 21 世纪的现代中国，正处在世界文化多元化的格局之中，为顺应时代的发展，党和政府适时地提出了构建和谐社会的理念。在构建和谐社会的现代化进程中，人文精神和科学精神就是影响当代社会文明提升的重要的文化基础。人文精神是基石，科学精神是主要支架，这两种精神相辅相成、相互促进、同向共进。科学精神是人文精神的核心精神，培养并形成科学精神，既是中国当代社会全民素质提高的必然要求，也是构建当代人文精神的具体途径之一。科学精神指由科学性质所决定并贯穿于科学活动之中的基本的精神状态和思维方式，是体现在科学认知中的思想或理念。[1] 今天人类已经品尝了科技进步与人文发展失衡带来的苦果。当代各种全球问题的出现，使人们越来越深刻地认识到科学精神与人文精神都是人类精神必不可少的内在组成部分，也是人类实践不可或缺的精神动力。科学精神与人文精神的融通与共建，是社会发展的大势所趋，是现代化进程中文化的核心问题。在我国全面建成小康社会的基础上，在人们的生活方式、行为方式和思维方式发生巨大变化的现代社会，充分发挥科学精神在现实生活中的作用，可以使人们汲取更多的物质财富和精神财富。在新的体育形态——休闲体育领域，同样离不开科学精神的指导和推动。根据体育运动学科的结构分层原理[2]，我们可以看到，该体系的构成是金字塔结构，由塔基到塔顶分别是人文原理层、科学原理层和实践操作层。人文原理层是科学原理层的基础，是体育运动学科的根本，它为揭示运动规律的科学基础和技术变革提供了保证，是体育文化领域中精神文化层面的反映，对外层的物质文化具有巨大的影响。休闲体育是体育学科的一个分支，其文化原理必然符合体育科学原理，因此，只有把科学精神与休闲体育人文精神有效地整合，才能使休闲体育向着健康、文明的方向发展。科学精神在休闲体育领域的体现就是崇尚科学，重视科学技术在休闲体育中的作用，积极研究并利用各种先进的科学理念、技术设备与手段来推动休闲体育的开展，而人文精神在休闲体育领域的体现则在参与活动的实践中体现以人为本的思想，以满足

〔1〕 马克思恩格斯全集（第42卷）［M］. 北京：人民出版社，1979：96.

〔2〕 雷好利，林世选. 科学精神、人文精神与科学发展观［J］. 党政论坛，2006（4）：8－10.

人的需求，实现人的价值，追求人的发展，体现人文关怀，创造美与和谐。

6. 多渠道开展人文素质教育，构建休闲体育人文精神

素质教育是知识经济条件下教育的革命性变革，是科技教育与人文教育的统一。我国社会的发展要求教育综合化，要以文化科学教育、思想品德教育和能力教育为主要内容，要在全社会加强科技教育，提高科技意识，注重人的全面发展。人文素质教育要以科学的理论为指导，正确运用科学的方法，培养人们正确的世界观、人生观和价值观，广泛地开展思想道德教育、民主法治教育和纪律教育，同时也包括中国优秀传统文化教育、世界优秀文化教育等，这些内容对于提高人们的人文素质、增强人们的人文修养都具有重要的作用。人文素质教育的开展必须依赖学校、社会和家庭的共同努力。

（1）营造良好的社会人文教育环境

人文教育和一般教育一样，首先需要社会的重视并提供良好的条件和环境。邓小平高瞻远瞩，提出了教育优先发展的思想，他指出："一个十亿人口的大国，教育搞上去了，人才资源的巨大优势是任何国家都比不了的。有了人才优势，再加上先进的社会主义制度，我们的目标就有把握达到。中央提出要以极大的努力抓教育，并且从小学抓起，这是有战略眼光的一招。如果现在不向全党提出这样的任务，就会误大事，就要负历史责任。"[1] 这一思想得到了中央领导集体的高度重视，近年来，党和国家做出了关于教育改革和发展的各项重大决策，特别为提高全民素质而出台了《公民道德建设实施纲要》，有力地推动了社会对人文教育的重视，国家和政府为人文教育的发展提供了良好的基础。

---

〔1〕 邓小平．邓小平选集［M］．北京：人民出版社，2000：120.

(2) 重视学校人文教育的发展和实施

学校是人文教育的重要阵地，教师是人文教育的主体，是促进人文教育发展的主要力量。学校担负着培养人的艰巨任务，在教育学生掌握知识、技能、求真务实的同时，还应培养学生正确的判断能力和分析能力，培养学生的性情、意志、个性。学校可以引导学生的思想，规范学生的行为，磨炼学生的意志，塑造学生的现代意识，建立积极的人生观和世界观。

(3) 推动家庭人文教育发展

家庭是社会的细胞，与社会生活密切联系，在处理各种家庭问题的过程中，我们也要具备相应的人文素质和人文修养。我国历来有重视良好的家庭教育的传统，在素质教育被积极倡导的今天，家庭对于人文精神的培养和人文素质的提高起着至关重要的作用。家庭是民众接受人文教育最早的地方，要从小培养孩子的良好的思想道德品质，包括辨别是非、判断正误、正直诚实、助人为乐、好学上进、尊老爱幼等良好的人文素质。

二、休闲体育与和谐社会

中国的社会经济形态正在从“劳动生活型”向“闲暇生活型”转变，中国经济已经融入全球经济一体化的过程中。在推动经济高速发展的同时，我国提出促进社会和谐发展与构建健康、文明的现代生活方式，必将有力地推进休闲体育的发展。同时，休闲体育作为一种文明、健康、科学的生活方式融入日常生活中，为和谐社会的构建提供了社会环境和经济支持。为此，当前开展的和谐社会休闲体育的研究，具有重要的现实意义。

（一）休闲体育对构建和谐社会的作用

1. 促进和谐社会个体的健康

在当代，全球的社会发展节奏呈现出加速倍增化、社会活动方式信息一体化、社会活动性质利害两重化、社会活动群体全球协同化四个大的发展趋势。[1] 工业化、信息化这些现代文明加速了人的异化，加速了人与人、人与社会、人与自然之间的疏远和隔离，导致了种种“文明病”的产生，给人们造成抵触、恐惧、怨烦和焦虑等心理障碍，身心时刻处于紧张和焦虑的状态，各种心理疾病迅速上升，有的甚至造成病痛甚至死亡。和谐社会是一个安定有序、充满活力的社会，个体的健康是和谐社会的基础，没有个体的全面健康，社会也就不完整，更谈不上社会的和谐与可持续发展。

现代社会利用休闲娱乐使人类保持身心的健康、体制的健康、社会的健康、文明的健康。寓于每一个个体的健康，健康的观念也将从对身心状况的评价，演变到一种人文社会的价值取向。休闲娱乐的宗旨是促进社会发展和提高人类的文明和健康水平。娱乐需要有关的运动感觉和身体运动能力，没有健康的身体，就没有完整的快乐，身心健康是快乐的基础，健康的身心是幸福生活的首要条件。研究发现，休闲体育不同于竞技体育，长期锻炼能够提高体质，改善心情和自我感觉，有助于缓解心理压力，防止疾病的产生。在休闲体育活动中，人们可以产生对集体、社会的信赖感、依托感，在和睦欢乐的气氛中，享受到生活的归属感和稳定感，因愉悦感和快感而情满胸臆，从而获得全面的健康。

---

〔1〕 张岩，陈正，彭丽，等．有关体育基本理论若干问题的讨论［J］．成都体育学院学报，2001（6）：18－22.

2. 协调社会生活感情

《国际休闲宪章》认为：学习和休闲活动在建立人与人之间、世界各国之间良好的人际关系方面，发挥着重要作用。人不能孤立于社会而存在，而社会更离不开人的参与。在大城市里，人们感到孤立、孤独、烦闷、紧张，人与人之间的交流和沟通就显得极为重要，而体育休闲活动正是人与人之间沟通最有效的途径，能为人们增加社会交往，维持人们的心理健康。不同种族、宗教信仰、阶级背景的人通过共同的运动休闲改善他们之间的关系。另外，休闲体育活动能够扩大人们的感情交流，增强人们之间的相互了解，改善人际关系，消除代际矛盾，共同创造和谐文明的社会环境。最后，休闲体育的作用体现在社会中，即社会安宁、社会空气活跃、社会情感交融以及社会行为的明快节奏等。所有健康的个人和社会效应，本质就是人与人、人与社会的高度和谐。

3. 促进和谐社会的经济发展

运动休闲在西方经济发达国家产生了巨大的经济效益。在英国，运动休闲对国民生产总值的贡献率为 1.7%，在俄罗斯为 1.9%。休闲体育是体育产业的重要组成部分。判断一个产业在国民经济中的地位和作用，除了要看这个产业对 GDP 增长的贡献率，还要看这个产业在吸纳社会就业方面的成绩。如：2001 年，北京市体育经营收入 106.4 亿元，实现增加值 45.5 亿元，占全市 GDP 的 1.6%，体育产业的就业人数达 56000 人；1998 年，上海市体育产业总产值 53.87 亿元，增加值 16.47 亿元，占当年该市 GDP 的 0.45%；2000 年，浙江省体育产业总产值 252.37 亿元，增加值 55.65 亿元，比 1999 年增加 20.36%，占全省 GDP 的 0.92%，体育产业的就业人数达 20.76 万人，比上年增长 14.3%，占全省从业人数的 0.76%。2016 年 2 月，北京市人民政府发布《关于加快冰雪运动发展的意见（2016—2022）》，提出将不断扩大冰雪体育产业规模，到2022年，实现全市冰雪体育产业收入规模达到400亿元左右。[1] 另外，从全国休闲体育产业的实践上看，人民群众对健身娱乐、竞技观赏和体育用品的需求愈来愈旺，企业纷纷投资休闲体育产业，休闲体育产业规模迅速扩大，在扩大内需、促进经济增长、带动整个产业结构的调整与升级上，表现出极大的增长潜力。

4. **促进价值取向的转移**

休闲体育的兴起，促进人们价值取向的转移，即从向自然索取、追求物质利益转向追求人自身的发展，追求自我、实现自我、超越自我，从人与自然的对立升华为人与自然、人与社会的和谐共处。

在18世纪以后的工业时代，人类凭借巨大的生产力在创造丰富的物质财富的同时，出现了忽视人的自身价值的倾向，出现了为金钱拼命，以及以工作为中心和乐趣的“工作狂”。在“时间就是金钱”的原则指导下，人们的日常生活是以工作为中心的，其他活动都是为提高工作效率服务的。从某种意义上说，人成了工作和金钱的奴隶，产生了一系列以工作为核心的社会意识，现代工业文明兴盛以后出现的“经济崇拜”的浪潮，更强化了人们追求效率的观念，人们像利用各种资源一样利用闲暇，闲暇的利用也如同劳作一样紧张、匆忙，造成人与人、人与社会之间的不和谐，休闲被彻底地异化了。

随着时代的发展，休闲文化逐渐进入社会的主流，人们的思想意识和价值观开始发生转变。追求对自由时间的充分利用，人性的完全释放和人的全面发展成为当代人的生活目标，人们越发渴望轻松、平静、祥和及简朴的生活。人们开始亲近自然，追求人与自然的和谐，如登山、攀岩、滑雪、滑冰、野营、漂流等。休闲体育所倡导的这些新的人生

---

〔1〕 北京：预期2022年冰雪体育产业收入达400亿元 http：//www. ce. cn/culture/gd/201603/30/t20160330_ 9955833. shtml. 2016－3－30.

观、价值观正迎合和谐社会弘扬的价值观、人生观，即人与自然、人与人、人与社会和谐相处，以人为本，追求人自身的发展，为构建和谐社会提供思想支持。

5. 营造公平、公正、竞争的社会氛围

和谐社会的核心价值理念是公平与公正。维护公平、公正是社会和谐的基础与前提。休闲体育不受年龄、运动水平、规则的限制，参与者可以通过规则的修订和创新，改变运动技术动作，这些都体现了对个体的人文关怀。在休闲体育运动中，可以培养人的"重在参与""公平竞争"的意识和品德，以及勇于探索、乐于创新的积极心态。因此，长期坚持休闲体育活动有利于形成公平、公正、竞争、积极向上的社会氛围。随着时代的发展，休闲体育正逐渐被人们接受，成为休闲活动的最重要组成部分，它的发展为建立和谐社会提供了强有力的支持。

（二）构建和谐社会对休闲体育的影响

1. 和谐社会的建立为休闲体育的发展提供经济基础

经济是基础，是开展一切活动的基本条件。休闲体育的发展同样需要一定的经济基础，它的发展是在经济的发展中繁荣起来的。影响休闲体育发展的经济因素有：恩格尔系数、人均国内生产总值、城市人均可支配收入。根据联合国粮农组织提出的标准，恩格尔系数在59%以上为贫困，50%～59%为温饱，40%～50%为小康，30%～40%为富裕，低于30%为最富裕。2017年，中国的恩格尔系数为29.33%。[1] 大量研究表明，当恩格尔系数达到65%时，开始出现娱乐消遣性消费，当

〔1〕 财新数据｜中国2017年恩格尔系数低于30%进入最富裕国家行列 . http://economy.caixin.com/2018-09-21/101328873.html. 2018-9-21.

恩格尔系数达到50%以下时，这类消费可呈现稳定的持续性增长。[1]中国自2008年开始，GDP总量超过日本，从而打破自1972年开始的“美国第一，日本第二”的GDP排位格局，之后一直稳坐世界第二的宝座。2003年，我国人均GDP达到1000美元，总体进入小康社会。2017年，我国的人均GDP达到9481美元，城镇居民的人均可支配收入从1978年的343元提高到2017年的25974元，2017年的人均可支配收入比上年名义增长9.0%，扣除价格因素，实际增长7.3%。其中，城镇居民人均可支配收入36396元，增长8.3%，扣除价格因素，实际增长6.5%；农村居民人均可支配收入13432元，增长8.6%，扣除价格因素，实际增长7.3%。[2] 可见，和谐社会的建立为休闲体育的推广提供了经济支持。

2. 提供稳定的社会环境

稳定是社会存在和发展的基本前提，休闲体育的发展有赖于社会的稳定。和谐社会是一个民主法治、公平正义、诚信友爱、充满活力、安定有序、人与社会和谐相处的社会。在这样的社会中，人们安居乐业、互相尊重，呈现出个人心情舒畅、生动活泼，社会各部分协调发展、良性运行的局面。在这种大的社会背景下，休闲体育会呈现出蓬勃生机。

---

〔1〕 卢元镇. 体育人文社会科学概论高级教程［M］. 北京：高等教育出版社，2003：312.

〔2〕 统计局：2017年全国居民人均可支配收入25974元. http：//finance. people. com. cn/n1/2018/0118/c1004 – 29773181. html. 2018 – 1 – 18.

第五章　休闲体育对社会心态的积极引导作用

一、社会心态的概述

社会心态是指在一定时期的社会环境和文化影响下形成的，弥散在整个社会或社会群体中的普遍的、一致的、对社会个体产生影响的社会共识、社会情绪、社会价值取向和行为意向。社会心态的结构可具有二维、三维或四维等不同的结构观，研究社会心态结构的关键是找到构成社会心态的要素。社会心态的功能表现为社会组织和社会凝聚、社会引导和自我调节。社会心态的形成和嬗变是一个复杂的、多因素作用的过程，可从个人与群体、社会意识与社会存在等不同角度进行分析。社会心态的测量方法有抽样调查、访谈、文献资料分析、心理测量和社会表征等。

社会心态问题是社会学、心理学、哲学、思想政治教育、文化学等多学科研究的热点。党和国家对当前的社会心态问题非常重视，十八大报告提出，要“加强和改进思想政治工作，注重人文关怀和心理疏导，培育自尊自信、理性平和、积极向上的社会心态”。社会学、心理学、马克思主义哲学、思想政治教育等不同学科也从各自的学科角度对社会心态问题进行了探讨，但在社会心态的内涵、结构、功能、形成机制等方面还没有形成一致的看法。要想更有效地培育积极社会心态、疏导消极社会心态，首先需要厘清社会心态的内涵、结构、功能、变化规律等基本理论问题。

（一）社会心态的内涵

弄清楚社会心态的内涵是开展社会心态研究的重要基础和关键。我国学界对“社会心态”一词的使用，或是在约定俗成的意义上使用，或是在不同的学科意义上使用，还有的则是根据自己对社会心态的主观理解来使用，这就使得社会心态被广泛使用的同时，其含义却含混不清。

社会心理学研究者从社会心态的心理结构角度阐释了社会心态概念。杨宜音认为：“社会心态是指在一段时间内弥散在整个社会或社会群体、社会类别中的社会共识、社会情绪和感受，以及社会价值取向。”马广海在此内涵的基础上更加强调社会心态的社会条件和动态性，并在社会心态心理结构中增加了行为意向这一维度，他认为，“社会心态是与特定的社会运行状况或重大的社会变迁过程相联系的，在一定时期内广泛存在于各类社会群体内的情绪、情感、社会认知、行为意向和价值取向的总和”。目前，社会心理学界基本认同上述观点，认为社会心态是在一段时间内弥散在整个社会或社会群体中的社会认知、社会情绪、行为意向以及社会价值取向。

社会学研究者从社会学的视角出发，对社会心态内涵的界定更加关注社会心态对社会成员的影响和作用。如王俊秀认为：“社会心态是在一定时期的社会环境和文化影响下形成的，社会中多数成员表现出的普遍的、一致的心理特点和行为模式，并成为影响每个个体成员行为的模板”。

哲学研究则从社会意识形态的角度去界定社会心态的内涵。如程家明认为：“社会心态是社会心理和社会意识形式相互渗透、有机组合而成的状态结构，是以整体面貌存在和流行于社会成员之中、内化为社会主体的精神结构的心智状态。”李静认为：“社会心态本质上属于低水平的、不系统的、不定型的、自发的社会意识。”

从上述几个学科对社会心态内涵的界定来看，无论哪个学科都认为社会心态是群体性的、受社会存在影响的、由多种成分构成的社会成员的主观状态。但这种主观状态涉及哪些方面、有哪些表现，不同的学科间存在着分歧。如社会心理学从知情意行的角度出发认为社会心态包括社会共识、社会情绪和感受、社会价值取向和行动倾向；而哲学家则认为社会心态是心智状态，是一种低水平的社会意识。其实，不同学科间并不存在本质分歧，只是各自界定内涵的角度不同而已，哲学是从宏观的社会意识和社会存在关系的角度进行界定，社会学则从群体或个体的微观角度进行界定。综合各学科对社会心态的描述，我们认为，社会心态就是在一定时期的社会环境和文化影响下形成的，弥散在整个社会或社会群体中普遍的、一致的、对社会个体产生影响的社会共识、社会情绪、社会价值取向和行为意向。

（二）社会心态的内在结构

社会心态的内在结构直接决定了社会心态的具体研究内容，也直接决定了社会心态的评价体系，许多学者都对此问题进行了探讨，形成了二维、三维、四维等不同结构观。

1. 二维结构观

王俊秀根据社会表征理论将社会心态的结构分为中枢系统和边缘系统，确定社会共识、社会主导情绪和社会核心价值观念属于社会心态的核心要素，而社会心态的边缘要素则属于心理学和社会心理学等学科的概念。

2. 三维结构观

杨宜音将社会心态分为三个心理层次：社会认知、社会情绪和社会价值取向。张二芳认为，社会心态的内在结构包括文化要素、心理要素和思想要素。其中，文化要素是社会心态中理性积淀的层面；心理要素是社会主体争取和向往的趋向状态，包括需要趋向、心理意向、社会性格和民族精神等要素；思想要素是在社会观念基础上形成的社会信念、社会理想和社会信仰。

李静认为，心态文化的外在表现形态有三个方面：价值取向性心态、思维方式性心态和行为模式性心态。其中，价值取向性心态指的是人们在生活中对待各种事物的欲望、信念、意向、兴趣、目的等心理凝聚；思维方式性心态是人们对事物的认识方法的心理凝聚；行为模式性心态是人们在实践活动中所采取的方式和手段的心理凝聚，是一种不假思索的行为定式。

3. 四维结构观

马海广在杨宜音三维结构观基础上提出了“社会行为意向”这一维度，将社会心态的结构拓展为社会情绪、社会认知、社会价值观和社会行为意向。

不论社会心态的结构是二维、三维或者四维的，最关键的还是要找到社会心态的构成要素。因为按照系统论的观点，结构的划分必须符合两个条件，一是要素间的关系是普遍存在且相对稳定的，它有一定的保持自身存在的调节能力；二是这种关系把要素组成一个整体。要探讨并确定社会心态的结构，首先需要研究社会心态由哪些要素构成，构成社会心态的各要素自身应相对独立，各要素之间还存在着密切的联系，同时还可以构成一个整体。

（三）社会心态的功能

关于社会心态的功能，程家明从历史观的角度出发，从社会心态与社会存在和社会意识之间的关系着手，认为社会心态的功能有中介过滤作用、双向效应和自我调节。其中，中介过滤作用使得社会心态成为社会存在和社会意识之间的桥梁，将社会存在中的现象能动地上升到社会意识，只有那些能同化为社会心态的社会意识才能起到改造世界的作用。双向效应指社会心态对社会意识和社会存在的发展和变迁都起到作用。自我调节是指社会心态能随着社会存在的变迁而调节自己的系统结构。

李静从社会心态自身的特性出发，对社会心态和社会存在之间的互动关系做了进一步的阐述，认为社会心态的功能表现为如下方面：一是社会心态具有很强的抗变性，这使得社会转型可能出现不必要的滞后；二是社会心态通常无形地起着社会中组织与凝结的作用；社会心态也有着非常重要的社会引导作用，社会心态以一定的方式对社会各个方面施加影响和产生作用；三是社会心态像其他形式的社会意识一样，对社会存在具有能动的反作用。

杨宜音将社会心态形成过程中带来的社会心理效应归纳为以下几种：一是汇聚效应，即当社会中持有某一种社会态度的成员，经过各种媒介的沟通，逐渐达成共识，形成整体力量。二是多数人效应和少数人效应，多数人效应即为从众效应，即当个体受到群体中多数人的影响，会怀疑或放弃自己的观点。三是群体极化效应，指在群体中进行决策时，人们往往会比个人决策时更加倾向于冒险或保守，向某一端倾斜。极化效应能促进群体意见统一，也使错误的判断和决定更趋极端。四是群体参照效应，指个体在认知过程中，选择所属群体的信息作为自我定位的参照对象而形成的对个体心理的影响。五是皮格马利翁效应，即当人们对后果有期望或期待时，就会引发某种行为。

根据《辞海》中的定义，功能是指事物或方法所发挥的有利作用。作用是指对事物产生的影响、效果。我们可以看出，已有研究中存在着将功能和作用混淆的现象。如“双向效应”是指社会心态可以对社会意识和社会存在都发生作用，称之为“双向作用”会更加合适。自我调节是指社会心态能随社会存在的变化来调节自己的结构，是社会心态的自我调节功能。李静根据社会心态的抗变性，提出的社会心态对社会存在起到的是滞后作用，而非功能；社会心态在社会中发挥的组织和凝结作用，是指社会心态具有组织和凝结的功能。通过对社会心态的功能和作用重新梳理，我们认为，社会心态有社会组织和凝结功能、社会引导功能和自我调节功能。其中，社会组织和凝结功能是指由于社会心态的汇聚效应和多数人效应使得社会个体达成共识，最终凝聚成一个整体。社会引导功能是指社会心态发挥群体参照效应和群体极化效应，对社会个体心态产生影响，使社会个体行为受到社会心态的无形引导。自我调节功能是指社会心态自身能随着社会发展变迁不断调整自身状态，有很强的自发性。而社会心态的作用则有中介过滤作用和对社会意识的影响作用，对社会存在的影响作用又包括促进和滞后的作用等。其中，中介过滤作用是指作为社会存在和社会意识的中间状态，社会心态将社会存在中的现象能动地转化为社会意识，反之，社会意识必须将自身转化为社会心态才能更好地对社会存在发生作用。

（四）社会心态的嬗变机制

社会心态的形成及变化机制是社会心态理论研究的核心内容。目前，对社会心态的形成及变化机制的研究主要从以下两个角度来分析。

1. 从个人和社会群体之间的互动机制来描述社会心态的形成和变化

杨宜音从社会心理学的角度，基于“个体和群体”相互建构的视角，提出社会心态形成的心理机制有共享现实性、相互间的动力建构以及向上模型和向下模型。其中，共享现实性指当社会标准不明确、人们感到不确定因素增加时，个体会通过与他人分享社会标准形成的过程，从而创造和保持对意义或现实的体验，增加稳定感。相互间的动力建构是指社会心态被社会成员所建构，这个过程包括生产、改变、沉积、诱发等复杂交错的阶段，即社会心态是个体与社会相互建构的产物。向上模型是指社会心态由个体自下而上汇聚而形成的整个社会或社会中的一些群体间弥漫的心境状态。在向上模型中，个体的价值观通过社会认同、情绪分享、去个人化、关系化或镶嵌化等卷入过程，与社会发生关联，并产生社会价值观，最终形成共享现实性。向下模型则是指当某种社会心态逐渐形成后，它就会作为一个整体自上而下影响到个体和群体的社会心态。在向下模型中，社会心态通过社会影响（如群体压力、情绪感染、社会信任和社会合作）对个体产生影响，改变个体的价值辨析、解释归因、预期等。

2. 从社会存在与社会意识之间的互动关系去研究社会心态的形成和运行机制

王小章从社会学的角度，在宏观上，从社会结构、文化价值观和社会心态之间的关系去阐述社会心态的形成和变化。他认为，社会结构和文化价值观会共同作用于社会心态的形成。从静态的方面看，社会结构作为社会成员之间的社会关系形态，直接决定着社会成员的现实社会生活状况，从而也就制约着社会成员对于现实社会生活状况之直接心理反应的社会心态。从动态的方面看，社会中通行的文化价值观为社会成员提供普遍的奋斗目标以及实现目标的方式。

社会心态的形成和嬗变过程是一个复杂的、多因素作用的过程。上述学者有的从微观的角度，有的从宏观的视角，有的从具体处着手，有的在哲学的抽象中思辨，都是从各自的学科领域出发进行探讨、研究，得出的社会心态的形成和变化机制都有其合理性。

（五）社会心态的测量方法

关于社会心态测量的研究较少。目前比较一致的就是将社会心态分为社会情绪、社会认知、社会价值和社会行为倾向四个维度。如马广海通过对社会心态含义的操作化，并根据其与社会行为高度关联的角度，确定这四个方面为社会心态测量的基本维度。

王俊秀将以上四个维度设为一级指标，并在每个一级指标下设定了二级指标。构成社会情绪的二级指标包括：社会焦虑、社会冷漠、社会愤恨、社会痛苦、社会愉悦、社会浮躁、社会贪欲；构成社会认知的二级指标包括：社会安全感、社会公正感、社会信任感、社会支持感、社会认同与归属感、社会幸福感、社会成就感和社会成员自我效能感；构成社会价值的二级指标有：国家观念、道德观念、公民观念、公私观念、责任观念、财富观念、人际观念、权利观念和文化观念；构成社会行为倾向的二级指标有：公共参与、利他行为、歧视与排斥、矛盾化解策略、冲突应对策略、生活动力源。

对于社会心态测量的方法，有传统的社会心理学的方法，如抽样调查、访谈、文献资料分析、心理测量等，如王俊秀通过对社会心理和社会心态的测量和调查、对社会生活的观察和体验、对典型社会事件的深入分析等对社会心态进行研究。如冯伯麟以问卷调查的方式开展社会心态研究等。王益富则编制量表进行调查，并采用统计分析技术对调查的结果进行分析阐述等。

对社会心态的测量除了采用传统研究方法外，也有采用社会表征的方法来进行研究，如通过委婉语、流行语的使用来分析社会心态。如陈运普通过梳理不同时段的流行语，探索流行语与社会心态之间的有机联系。任达轩则从社会热点的分析中梳理和剖析社会心态问题。

总之，虽然当前对社会心态的研究越来越多，越来越深入，但纵观学术界的研究成果，社会心态的基本理论体系并没有形成，还需进一步厘清社会心态的内涵，探讨社会心态的基本结构和评估指标体系，研究社会心态的形成机制，探索适合社会心态研究的方法，以此丰富和完善社会心态的基础知识和理论体系。通过社会心态理论指导社会发展实践，培育积极的社会心态，疏导消极的社会心态，满足当前国家发展所需的和谐社会心态的要求。

二、休闲体育对社会心态积极引导作用的分析

随着科技的进步与经济的发展，人们的生活水平与生活质量正在不断得到改善和提高。同时，伴随着激烈的竞争、文明病的侵蚀、人际关系的冷漠以及高频率工作节奏的压力，人们开始关注自身的发展，关注生活的质量和多彩的生活内容。

（一）休闲娱乐体育活动对身体健康的促进作用

1. 对不同年龄段人群身体健康的良好影响

尽管休闲体育内容和形式多种多样，但身体活动是最主要的锻炼手段和方式。休闲体育对不同年龄者的身体健康都有积极的促进作用。从某种意义上来说，它是对人类有机体生命的一种强化。对于处于生长发育阶段的少年儿童来说，通过休闲体育活动可以促进身体的正常成长发育，提高身体各个器官和系统的功能状态，全面发展体能，促进体格健壮健美，并为终生健康打好基础。对于压力最大的中青年人来说，通过参加休闲体育活动可以起到保持、保护身体健康的作用。对于老年人来说，通过休闲体育活动有助于保持身体健康，延缓衰老的进程。现代社

会已经日益高龄化，如何在延长寿命的同时保持良好的健康状态，既是老年人的愿望，也是社会的需求。

2. 对主要身体功能的良好影响

（1）对心血管系统功能的影响

世界范围内，心血管疾病已经成为危害人类健康的“第一杀手”。大量的流行病学调研和实验研究结果揭示，心血管疾病虽然主要发病在中老年人群，但时常起源于少年儿童，而且该类疾病的发生和发展可以为许多被称作“危险因素”的因素所加速。在这些因素中，部分受遗传制约，如家族病史、年龄与性别，更多的则与行为和生活方式有关。研究已经揭示，适度的体育活动可以改善高血压、高血脂状态，可以改善肥胖和超重现象，可以缓解心理压力，并且可以改善身体素质。

（2）对运动系统功能的影响

人类衰老的身体特征变化是肌肉力量减退、骨质疏松、关节活动度变小、运动能力下降。休闲体育活动之所以能够延缓衰老进程，重要途径之一便在于它能够有效地保持肌力弹性，增加和保持关节的灵活度，保持乃至增强骨密度。

（3）对免疫系统功能的影响

免疫功能标志着人体对疾病的抵抗力，因此是人体健康的代表性指标。大量流行病学调研、动物实验和人体实验结果已经证实，长期的大强度、大运动量运动训练会导致明显的免疫抑制现象，使得免疫功能降低，对各种感染性疾病的抵抗力明显降低。而长期从事适中的体育锻炼则有益于促进免疫功能，增强抵抗力，使各种感染性疾病的患病率明显降低。这些研究结果表明，休闲体育活动可明显改善参与者的免疫功能。

（二）休闲体育活动对心理健康的促进作用

1. 有助于调节紧张情绪

当今世界是一个快节奏、高效率的社会，这就不可避免地给人们带来许多紧张和压力，同时也产生了不好的情绪状态。紧张的情绪会降低和抑制人体免疫功能，良好的情绪和稳定的心情则有利于保持和促进人体机能的稳定。休闲体育活动具有调节人体紧张情绪的作用，可以改善生理和心理状态，有助于恢复体力和精力，是人们生活的重要内容。

2. 有助于促进人际交往

休闲体育不仅是休闲娱乐、健身的载体，也是消除孤独寂寞、拓展交际、增进情感交流及交友的润滑剂。人们通过休闲体育运动可以结识许多不同身份、年龄、性别的人，丰富精神生活和增进相互间的感情交流。无论在学校、商界、家庭、单位，休闲体育已经成为人们情感交流的有效途径，可以说，休闲体育在某种意义上成了人与人之间的情感桥梁。

（三）休闲体育对社会的意义

在社会工业化和自动化发展的今天，人类的脑力劳动将逐渐成为社会的主导劳动，同时，体力劳动在不断地减轻，使人体机能产生不适宜的反应和身体的局部劳损。竞争和高效率使人们产生了枯燥的感觉和厌倦的情绪。长期积累的厌倦感和压抑感最终会引起个人心理机能上的不平衡。处于这样的心理和生理状态的人们，对机体的运动需求和精神上的放松需求日趋强烈，他们渴望从单调乏味的劳动中解放出来，渴望能使他们的人生得以全面复归。因此，休闲已成为重要的时代特征之一。休闲是一个国家生产力水平的标志，是衡量社会文明的标尺，是人类物质文明与精神文明的结晶，是人的一种崭新的生活方式、生命状态，与每个人的生存质量息息相关。休闲质量的高低将直接影响社会的全面发展与进步程度，影响到人能否完整、全面、健康地发展自己。

集娱乐与健身于一体的休闲体育方式逐渐成为热点，丰富的休闲体育活动已成为人们表现个性、展现自我的生活方式。在生活水平提高、工作节奏加快、社会竞争激烈的今天，不少人已将有利于身心健康，有利于满足精神生活需求，有利于解放自己、释放压力的休闲体育本身看成一种需求。它既起到了丰富生活、愉悦身心、开发智力、陶冶情操、锻炼体魄的作用，也为社会和经济发展提供了动力。抛弃了过去那种只为过日子的生活，开始利用现代化社会提供的各种条件步入多样化、个性化的生活享受，并开始注重人与文明环境的和谐和人与现代节奏的统一。这一切都由于身体的直接参与，使健康、力量、审美、气质、性格、智慧与幸福等这些与身体最为密切的人格要素得以锤炼。继而又使社会深切感受到一种奋进的力量和一种明朗的氛围，向人们传递着社会进步、安定和生活美好的信息。从而使人们在这样一种激荡着追求与充实的氛围里进行交流、沟通和相互的精神感染。其结果是使人的个性品质得到磨砺，使人的精神境界得到升华。休闲体育给予人们的精神生活是丰富多彩的，是其他精神生活不可取代的。

休闲体育的意义一般指两个方面：一方面是消除体力上的疲劳，对人遭受的艰辛起补偿作用。所谓补偿，是指找回被破坏的精神和生理的平衡；二是获得精神上的慰藉，医治工业生产程序统一化所引起的个性结构的破坏。从一般意义上来讲，它是完成社会必要劳动时间之外的活动，是人的生命状态的另一种形式。而对于人的生命意义来说，它是一种精神的态度，是使自己沉浸在整个创造过程中的一种机会和能力，它对于人“成为人”有着十分重要的作用，并在人类社会进步的历史中始终扮演着重要的角色。休闲体育作为一种特殊的文化形态，往往以渗透、融合、感染、凝聚、净化等多种形式影响人的生活方式和生命质量。因而它的意义不仅在于恢复体力，更重要的在于休闲体育生活结出的美丽硕果，在于精神的调整与升华。

从哲学的角度看，休闲体育之所以重要，是因为它与实现人的自我价值和心灵的永恒性密切相关。休闲体育在人的一生中都是一个持久的重要的发展舞台，是一个完成个人与社会发展任务的重要的思考空间，即一种社会系统所必须的创造性和批判性的思考空间。休闲体育作为一种现实存在，首先通过人的外在形式表现出来，并由特定历史时期的人们对其所面临的生活历程和所抱有的生活理想而确立起来的文化样式、生活方式和价值取向所决定。它的价值不在于提供物质财富或实用工具与技术，而是为人类构建一个和谐的世界，守护一个精神的家园，使人类的心灵有所安顿、有所归依。它还以特有的价值追求赋予人的行为以真实的意义，使它与在社会中占主导地位的政治、经济或科技力量保持一定的距离或独立性，形成真正的人格力量。

从经济学的角度看，休闲体育之所以重要，是因为休闲体育与经济有着重要的内在关系，根据休闲体育周期的长短可以制定新的经济政策和促进不同方面的消费，调整新的产业结构，建立新的市场。在西方发达国家，休闲体育产业是国民经济收入的重要来源，是政府部门制定相关政策必须考虑的因素。休闲体育产业的发展促进了产业格局的变化，在休闲体育产业就业的人数占整个就业人数的比重相当大。这样，不仅解决了就业问题，而且促进和改善了服务，增强了人的休闲体育欲望，促进了社会经济的良性循环。

从社会学的角度看，休闲体育之所以重要，是因为休闲体育是一种社会建构以及人的生活方式和生活态度，是发展人的个性的场所。各阶层对休闲体育时间的利用将对社会生活各方面如工作、家庭、社会治安等产生良好的影响，使人的知识、信念、态度、行为、技能等方面的能力不断得到提高。

从审美的角度看，休闲体育可以愉悦人的身心。建立于休闲体育基础之上的行为情趣，或是休息娱乐，或是学习交往，它们都有一个共同的特点，即获得一种愉悦的心理体验，产生美好感。人与自然的接触，铸造人的坚韧、豁达、开朗、坦荡、虚怀若谷的品格，人与人的交往会变得真诚、友善、和谐、美好。

休闲体育还为补偿当代人生活方式中的许多要求创造了条件，它通过欣赏艺术、从事科学研究、享受大自然，不仅锻炼了体魄，激发了创新的灵感，更重要的是丰富了人的感情世界，坚定了人们追求真善美的信念，表达和体现了人的高尚与美好的气质。

从文化学的角度看，休闲体育是指人在完成社会必要劳动时间后，为不断满足人的多方面需要而处于的一种文化创造、文化欣赏、文化建构的生命状态和行为方式。休闲体育的价值不在于实用，而在于文化。它使人在精神的自由中历经审美的、道德的、创造的、超越的生活方式。它是有意义的、非功利性的，它给我们一种文化的底蕴，支撑我们的精神。因而它是一种对社会发展进程具有校正、平衡、弥补功能的文化精神力量。它包括情感、理智、意志、生理、价值、文化及所有组成行动感知领域的一切，也包括生活方式、价值观、语言、思维方式、角色定位、世界观、艺术、组织等。

休闲体育如同其他任何社会活动一样，是在具体环境中构造出来的，具有多层次性和多样性。休闲体育内容丰富多彩，是一种为广大人民群众所喜爱的活动，它以丰厚的内涵和自身精神的意境，为现代人的精神追求提供了方式和手段。它以人的本质的力量和社会的活动来肯定人、赞扬人、陶冶人、美育人，化解现代生活对人们精神的种种束缚，以其特有的功能在满足现代人的精神追求中发挥着极其重要的作用。休闲体育是心灵的驿站，在这里，人们可以驱逐精神的劳顿，安抚疲惫的身心，或者得到一次精神的解脱，或者促进一次精神的升华。有益、高尚的休闲体育表达一种美好的情趣，体现着个人的气质与追求。当然，闲暇可以使人充实，也可以使人空虚，闲中有趣和闲得无聊其内容是天壤之别的。因而，选择有益、高尚的休闲体育内容是至关重要的。

三、休闲体育对社会心态积极引导机制的构建

随着人们生活水平的逐渐提高，越来越多的人开始关注自身健康，更多的人走出户外，进行体育锻炼。

现阶段，我国的科学技术水平以及人民的经济生活水平都得到了迅猛的发展，较以前体力劳动工作量明显减少，但对应的每一个公民所承受的精神压力却逐年增大，严重影响了人们的日常生活，越来越多的人在业余时间寻找解压的方法。在这样一个大环境下，体育作为影响人们日常生活的比较重要的一项活动，受到越来越多人的关注。而且大家逐渐关注到体育的功能，不仅可以锻炼身体，更可以帮助人们放松心情，也造就了目前休闲体育的局面。目前，休闲体育的主要特点是增强与丰富人们的业余生活，同时通过体育锻炼，完善自身的健康状况，其既具有体育的文化性，又具有休闲娱乐的自由性，更具有公众自由参与的主动性。对于提高全民身体素质，预防各项身体疾病，同时构建和谐的社会主义价值观都有着极其深刻的影响与意义。

（一）完善我国休闲体育产业发展的规划

为了我国休闲体育事业的良好发展，各级政府都应该从当地发展的实际情况考虑，进而通过构建比较合理的规划，实现我国休闲体育的良好发展。积极倡导与贯彻以人为本的方针与政策，强化对应知识的宣传与推广，密切配合政府部门的监督，实现其最大化发展。

（二）构建优良的制度环境和良好的竞争机制

现阶段我国体育事业的发展缺乏一个比较优良的制度环境和相应的竞争机制，为此各级政府部门都应该结合实际情况，构建出比较好的制度环境，促进我国休闲体育事业的发展。我国旧有的管理模式存在诸多的漏洞，很难与现阶段的市场机制接轨，因此营造良好的竞争机制，进而促进资源合理分配至关重要。

（三）鼓励非营利性体育组织的发展

非营利性体育组织作为休闲体育未来发展的主力军，是为大众提供各项公共物品的主力。相对应的，政府部门要明确其定位，提高对应的管理水平，充分发挥其应有的作用。

（四）进行全方位服务

现阶段我国的分配方式多种多样，造就了各式各样的收入人群。经济基础决定上层建筑，每个群体的经济能力有差异，对体育的需求也是千差万别。为此在相应的实践过程中，可以通过建立多元化的服务体系，进而为公众提供全方位的服务，以满足不同层次个体的综合需求。

（五）提高体育休闲产业从业人员素质

培养一批高素质的相关从业人员，对我国休闲体育事业的发展至关重要。人才是一项事业发展的最基础的保障，对我国休闲体育产业的发展来说也是如此。现阶段我国休闲体育专业人才急缺，这部分人才不仅要懂得体育休闲知识，更要懂得如何进行管理与经营。为此，国家可以通过制定相应的政策来进行调节，全力扶植相关人才的培养，进而提高我国休闲体育从业人员的基本素质。同时政府要适时地与高校合作，让高校体育院系的师生深入社区为居民提供指导，一方面让他们将所学知识活学活用，另一方面加强了学校师生为人民服务的意识，加大了学校的影响力，同时为社会主义休闲体育事业发展贡献了自己的力量。

参考文献

[1]Erdal Zorba, B. Okan Micoogullari, Ercan Zorba, Ali Tekin, Sports tourism in Turkey [J]. Journal of Sport Tourism 9(4), 2004.

[2]DrAsher Mashiach, Sports tourism in Israel[J]. Journal of Sport Tourism, 2005, 10(2).

[3]Beard. J. C, Measuring Leisure Satisfaction[J]. Journal of Leisure Research, 1980(12): 20 – 23.

[4]罗歇·苏．休闲[M]．姜依群,译．北京:商务印书馆,1996.

[5]任海．国外大众体育[M]．北京:北京体育大学出版社,2003.

[6]岳冠华．解读休闲体育[M]．北京:中国社会科学出版社,2012.

[7]秦椿林．当代中国群众体育管理[M]．北京:人民体育出版社,2006.

[8]杨铁黎,苏义民．休闲体育产业概论[M]．北京:高等教育出版社,2011.

[9]中国社会科学院语言研究所词典编辑室．现代汉语词典[M]．第6版．北京:商务印书馆,2016.

[10][美]杰弗瑞·戈比．你生命中的休闲[M]．康筝,田松,译．昆明:云南人民出版社,2000.

[11]许宗祥．休闲体育概论[M]．北京:人民体育出版社,2007.

[12]约翰·凯利．走向自由:休闲社会学新论[M]．赵冉,季斌,译．昆明:云南人民出版社,2000.

[13]许为民．当代自然辩证法[M]．杭州:浙江大学出版社,2011.

[14]于光远．吃·喝·玩:生活与经济[M]．上海:华东师范大学出版社,2001.

[15]马惠娣．休闲:人类美丽的精神家园[M]．北京:中国经济出版社,2005.

[16]卢锋．休闲体育学[M]．北京:人民体育出版社,2005.

[17]巫文辉,姚广军,刘岩．休闲体育[M]．哈尔滨:哈尔滨地图出版社,2005.

[18]马勇,周青．休闲学概论[M]．重庆:重庆大学出版社,2008.
[19]李仲广,卢昌崇．基础休闲学[M]．北京:社会科学文献出版社,2004.
[20]李荣日,王笑梅,朱振伟．体育市场营销实务[M]．天津:天津科学技术出版社,2005.
[21]本书课题组．社会心态嬗变与和谐社会建设研究[M]．郑州:河南人民出版社,2008.
[22]谢清．体育绘图、体育场地与设施[M]．桂林:广西师范大学出版社,2000.
[23]廖国庆．体育市场营销与奥运分析实务手册[M]．合肥:安徽文化音像出版社,2004.
[24]闫旭峰．休闲体育服务礼仪与技能[M]．北京:中国劳动社会保障出版社,2005.
[25]杨兴举．毕节公民手册[M]．贵阳:贵州人民出版社,2003.
[26]科塞．社会冲突的功能[M]．孙立平,译．北京:华夏出版社,1989.
[27]樊明．健康经济学[M]．北京:社会科学文献出版社,2002.
[28]胡鞍钢．中国:走向21世纪[M]．北京:中国环境科学出版社,1991.
[29]李笠武．政治发展与社会稳定:转型时期中国社会稳定问题研究[M]．上海:学林出版社,2006.
[30]曹莉．余暇体育与大众健身[J]．山东体育学院学报,2000(16).
[31]邹师．东北三城市低收入群体体育健身特征的比较研究[J]．成都体育学院学报,2005(5).
[32]林俊荣．博客的社会安全阀功能探析[J]．中国青年研究,2007(3).
[33]赵树耀．论构建和谐社会过程中我国体育社团的作用与改革建议[J]．首都体育学院学报,2006(6).
[34]刘鹏．促进体育改革发展,服务和谐社会建设:在2006年中国体育发展战略研讨会上的致辞[J]．体育科学,2007(1).
[35]支建民．广州老年人体育价值观的调查分析[J]．广州体育学院学报,2001(12).
[36]邹师,孙丽雯．体育促进社会心态稳定的理论研究[J]．体育与科学,2011(5).
[37]陈大红．当前我国城镇职工下岗的社会学思考[J]．发展论坛,1999(9).
[38]邹师．体育促进社会稳定的机制[J]．体育学刊,2008(9).

[39]刘元强．论构建和谐社会过程中社区体育的地位和作用[J]．广州体育学院学报,2008(9).
[40]徐风琴,黄彦军．群众性健身团体存在的问题及发展思路[J]．体育科学研究,2007(3).
[41]许娇．从社会学视角看休闲体育:试论休闲体育对构建和谐社会的作用[J]．浙江体育科技,2006(12).
[42]王旭光．我国地方体育社团的现状、面临问题和发展对策研究——基于建设多元化公共体育服务体系的视角[J]．天津体育学院学报,2008(4).
[43]赵光侠．和谐社会建设中低收入群体社会心态的引导与调适[J]．淮海工学院学报(社会科学版),2008(2).
[44]杨亮才．社会动力、社会阻力和社会压力及其关系研究[J]．学术交流,2000(1).
[45]沈杰．当前时期我国的社会心态[J]．北京观察,2008(2).
[46]胡军．英国休闲体育政策的演进特点与启示[J]．成都体育学院学报,2012,38(2).
[47]徐文强,陈元欣,张洪武,等．我国公共体育场馆经营现状及管理体制改革研究[J]．成都体育学院学报,2007,33(3).
[48]刘晖．国内外休闲体育研究综述[J]．少林与太极(中州体育),2010(11).
[49]张广瑞,宋瑞．关于休闲的研究[J]．社会科学,2001(5).
[50]李晓东,彭钢．论我国高校休闲体育[J]．武汉体育学院学报,2001,35(5).
[51]刘子众．中西方休闲体育之差异[J]．体育学刊,2003,10(4).
[52]石振国,田雨普．闲·休闲·休闲体育[J]．体育文化导刊,2004(8).
[53]凌文栓,郑晓明,方俐洛．社会规范的跨文化比较[J]．心理学报,2003,35(2).
[54]冯向东．对科学文化和科学教育的思考——兼谈素质教育的几个问题[J]．高等教育研究,2003,24(2).
[55]李高峰,郝力宁．中日美大众体育场地设施管理的比较研究[J]．体育成人教育学刊,2006,22(3).
[56]朱寒笑,苗大培．发达国家城市体育休闲服务组织体系分析与启示[J]．体育科学,2006,26(12).
[57]沈建华．上海市体育公共服务的需求[J]．体育科研,2008(2).

[58]尹玲．关于我国社区体育场地设施存在问题的思考[J]．成都体育学院学报，2008，34(9)．
[59]赵文胜．我国体育市场监督管理体制探讨[J]．体育与科学，2005，26(5)．
[60]张国．中国城乡结构调整研究：工业化过程中城乡协调发展[J]．中国农业，2002(6)．
[61]让永钢，黄正锋．安徽省小城镇体育发展的特征研究[J]．巢湖学院学报，2008，3．
[62]陈双，张兆才．对我国小城镇体育的理性思考[J]．山西师大体育学院学报，2008，23(2)．
[63]盛治进，杜世全，陈凯华．多元城镇化背景下中部地区小城镇体育发展的实证研究：以安徽省为个案[J]．南京体育学院报，2009，8(23)．
[64]刘志民，丁燕华．小小城镇大大问题——苏南小城镇体育场地设施的现状调查报告[J]，体育与科学，2002(3)．
[65]高力翔，王正伦．苏南富裕乡镇居民体育消费特点的调查分析[J]．广东体育学院学报，2000，4．
[66]孔靖，高菲菲．对小城镇体育发展策略的思考[J]．安徽体育科技，2006(2)．
[67]姚辉波．鲁西南小城镇居民体育意识与体育行为的调查研究[J]．中国体育报，2009(9)．
[68]郑旗．山西省小城镇居民参与体育的价值观[J]．体育学刊，2003，10(6)．
[69]赵军，王小美．河南省小城镇社区余暇体育文化建设构想[J]．山东体育学院学报，2003，19(4)．
[70]袁广锋，张水顺．我国小城镇特征及其发展趋势[J]．体育科研，2004，25(1)．
[71]张铁明．我国小城镇体育的发展趋势[J]．河北体育学院学报，2003，17(2)．
[72]张文静，田雨普．农村体育研究中“农村”含义的辨析[J]．体育文化导刊，2005(10)．
[73]晏群．如何界定小城镇的概念范围[J]．小城镇建设，2002(2)．
[74]徐冬梅．江苏省常熟市练塘镇体育现状与对策研究[J]．体育与科学，2007(9)．
[75]刘华平．21 世纪初的中国休闲体育[J]．北京体育大学学报，2002，2(1)．
[76]吴建逊，郭子坚．珠江三角洲地区城镇居民休闲体育消费现状的研究[J]．广州体

育学院学报,2008,28(2).
[77]陈立农,黄晓春.2008 年广州国际休闲体育研讨会述评[J].广州体育学院学报,2008,28(2).
[78]陈永军.对我国居民休闲体育消费的分析[J].武汉体育学院学报,2001,35(4).
[79]易剑东.论体育的文化本质与特征[J].南京体育学院学报,2000,14(1).
[80]张永科,王宁,杨兰生.现阶段我国休闲体育发展研究[J].成都体育学院学报,2002,28(4).
[81]张明英.我国休闲体育的发展前景[J].湖州师范学院学报,2001,(3).
[82]李相如,屈更豪,周林清,等.我国城市社区实施全民健身工程的现状与对策研究[J].体育科学,2001,(2).
[83]陈钦.影响我国居民休闲体育方式阶层差异的因素分析[J].体育成人教育学刊,2010,26(1).
[84]陈正.我国社会不同阶层体育休闲活动的特征[J].武汉体育学院学报,2005,39(6).
[85]朱寒笑,苗大培.发达国家城市体育休闲服务体系分析与启示[J].体育科学,2006,26(12).
[86]谭涛,胡斌,陈文伟,等.广州市成年居民体育参与现状及影响因素分析[J].当代体育科技,2011,1(3).
[87]郑富.我国群众体育的现状及其发展对策[J].体育学刊,2004.
[88]王斌.对影响休闲体育文化价值趋向的社会因素的分析[J].广州体育学院学报,2004(5).
[89]胡春旺.城市休闲体育消费调查及发展的对策分析[J].成都体育学院学报,2003(5).
[90]张广林.甘肃省城市弱势群体体育健身的社会支持研究[D].上海:华东师范大学,2007.
[91]张良.我国休闲体育的现状与发展策略[D].重庆:西南大学,2010.
[92]唐莉.科学技术与工程社会建制的结构分析[D].重庆:西南大学,2009.
[93]王俊.山东省城市女性休闲体育现状与发展对策研究[D].曲阜:曲阜师范大

学,2010.

[94]朱征宇. 广州市公共体育服务体系的构建与完善[D]. 广州:华南理工大学,2011.

[95]唐炎. 重庆市小城镇体育发展现状及对策研究[D]. 重庆:西南大学,2011.

[96]张根生. 长江三角洲旅游业唱响“二人转”“环太湖体育圈”崛起[N]. 解放日报,2002-09-30.

[97]王莉. 环太湖一年赚了55亿接待游客649万人次,同比增24.6%[N]. 苏州日报,2007-01-21.

[98]王莉. “环太湖体育圈”全景扫描[N]. 苏州日报,2005-08-27.

[99]吴晓东. 珠三角绿道创造新“广东模式”[N]. 中国青年报,2011-05-19.

[100]张文. 基于传统吉祥文化元素的笔记本电脑造型研究[N]. 中国艺术报,2008-12-2.